当代世界学术名著·经济学系列

Failing in the Field

失败的价值

从实地实验的错误中获益

What We Can Learn When Field Research Goes Wrong

【美】迪恩·卡尔兰（Dean Karlan）【美】雅各布·阿佩尔（Jacob Appel）著

贺京同 付婷婷 译

中国人民大学出版社

·北京·

当代世界学术名著·经济学系列

“当代世界学术名著”
出版说明

中华民族历来有海纳百川的宽阔胸怀，她在创造灿烂文明的同时，不断吸纳整个人类文明的精华，滋养、壮大和发展自己。当前，全球化使得人类文明之间的相互交流和影响进一步加强，互动效应更为明显。以世界眼光和开放的视野，引介世界各国的优秀哲学社会科学的前沿成果，服务于我国的社会主义现代化建设，服务于我国的科教兴国战略，是新中国出版工作的优良传统，也是中国当代出版工作者的重要使命。

中国人民大学出版社历来注重对国外哲学社会科学成果的译介工作，所出版的“经济科学译丛”“工商管理经典译丛”等系列译丛受到社会广泛欢迎。这些译丛侧重于西方经典性教材；同时，我们又推出了这套“当代世界学术名著”系列，旨在移译国外当代学术名著。所谓“当代”，一般是指近几十年发表的著作；所谓“名著”，是指这些著作在该领域产生巨大影响并被各类文献反复引用，成为研究者的必读著作。我们希望经过不断的筛选和积累，使这套丛书成为当代的“汉译世界学术名著丛书”，成为读书人的精神殿堂。

由于本套丛书所选著作距今时日较短，未经历史的充分洗炼，加之判断标准见仁见智，以及选择视野的局限，这项工作肯定难以尽如人意。我们期待着海内外学界积极参与推荐，并对我们的工作提出宝贵的意见和建议。我们深信，经过学界同仁和出版者的共同努力，这套丛书必将日臻完善。

中国人民大学出版社

译者序

这本由普林斯顿大学出版社出版的有关实验经济学的著作，一经出版就引起了国内外读者的广泛关注与积极讨论，因为它首次打破了学术界的禁忌，着眼于研究可能发生在实验中的失败。本书不仅总结了一些实地实验中失败的经验教训，而且倡导广大研究者在为成功的研究喝彩的同时，不要避讳谈论失败，并构建了博客平台来鼓励研究者主动分享自己的失败经历。每个研究者虽然都可能会经历失败，然而更重要的是从失败中汲取经验，避免再犯同样的错误。越多的研究者分享自己的失败经历，我们就能越快地找到正确的方法。

作者迪恩·卡尔兰是耶鲁大学的经济学教授和扶贫行动创新（IPA）的创始人。IPA 致力于寻求有效解决全球性贫困和其他社会问题的措施，而后进行大规模推广，目前已在超过 45 个国家开展行动。卡尔兰的研究范围广泛，其中包括发展经济学、行为经济学与实验经济学，主要研究小额信贷的运作以及如何让它更有效地发挥作用。他的研究还覆盖了筹款、选举、健康以及教育等领域。他本人也是实验经济学的积极实践者，进行了大量的实地实验，有许多成功的项目，也不乏一些失败的经历。他从本人的失败经历出发，积极面对失败并从中汲取经验教训。另一位作者雅各布·阿佩尔，也曾与扶贫行动创新一起工作，拥有丰富的实地研究经验。对于想要开展实地研究和进行随机化控制实验的研究者而言，这本书是非常有学习价值的。

在本书出版前，译者还有幸翻译了卡尔兰的另一本合著著作——《经济学》。《经济学》在传统经济学教材的理论框架基础上纳入了最前沿的行为经济学研究成果，也不乏对信息经济学、政治选择、公平和效率、金融危机以及发展经济学等前沿领域的探讨，这亦反映出作者深厚的学术造诣和广阔的研究视野。

本书内容分为两大部分，第一部分归纳总结了常见的失败原因，第二部分使用具体的案例进行详细分析。在第一部分（第一至五章）中，作者将实地研究中常见的失败归纳为五类（包括不恰当的研究背景设置、技术设计缺陷、合作机构的挑战、调查和度量的执行问题，以及较低的参与率），描述它们如何出现以及为什么出现，并给出了一些常见的例子。在第二部分（第六至十一章）中，作者用六个具体的失败项目进行案例研究，从研究背景和动机、研究设计到执行计划，一步步分析到底哪里出了错，该吸取哪些教训。最后在结论和附录中总结了第一部分和第二部分中的关键教训和主题，并给予那些即将开展实地实验的研究者一些实用建议。

在翻译的过程中，我们得到了中国人民大学出版社的大力支持与帮助，在此表示由衷的谢意。

本书的翻译还得到了国家社科基金重大项目“经济稳定增长前提下优化投资与消费的动态关系研究（项目批准号：12&ZD088）”以及中国特色社会主义经济建设协同创新中心的支持，在此致以谢忱。

贺京同

2017年仲秋于南开园

目　录

第二部分　案例研究

引　言

为什么失败？[*]

托马斯·爱迪生（Thomas Edison）在研究灯泡时，尝试过数百 1
种材料，之后才发现竹纤维可以做灯泡的灯丝。据报道，当别人问他如何看待这么多次的失败时，他回答说："我并不是失败了700次。我没有失败过一次。我成功地证明了这700种材料都不能用于制作灯丝。当我排除了不适合做灯丝的材料后，我就找到了适合的材料。"

我们向爱迪生致敬，在创作本书时，他的科研态度给了我们灵感。像灯泡一样，知识也是一个产品，而研究创造了知识。正如爱迪生不断钻研灯丝，探索哪种灯丝能带来明亮且持久的光，研究者也不断钻研研究设计，探索哪种设计能得出有意义且可靠的知识。越多的实验者分享他们自己的失败经历以供他人学习，我们就能越快地找到正确方法。这个领域中有许多研究失败的案例，本书记录

* 本书边码为英文原书页码。

了其中的一部分。套用爱迪生的话，这样其他人就不必提前证明这700 种方法都**不**起作用了。

2 在收集和反思失败的经验时，我们在两种指导思想间犹豫不决。第一种是积极正面的，就像爱迪生的故事：

> 失败是成功的关键；每个错误都能教给我们一些东西。
>
> ——植芝盛平（Morihei Ueshiba）

一些老生常谈中其实也包含了很好的建议。这就是我们写这本书的核心动机。

第二种也是非常正确的，虽然并不乐观：

> 失败是因为：即便你拼尽了全力，依然做得不够好。
>
> ——WWW. DESPAIR. COM/PRODUCTS/FAILURE

经济学的每本基础教科书都在教我们为什么人们做决定时应该忽略沉没成本。但现实情况还是有些不同：沉没成本常常影响人们的决策。我们必须记住，尽管我们已经尽了最大的努力，我们依然会在这里或那里失败。有时我们确实无法做到更好，但我们不应就此沉沦，我们需要学习和继续前进。

成功；或者说，为什么失败值得探究

现在人们在讨论扶贫与发展时，会比过去更多地关注相关证据，这个转变在很大程度上是因为发展部门的数据价格的大幅下降以及随机化控制实验（randomized controlled trials，RCTs）的显著增加。随机化控制实验一直是医疗研究中的主要方法，自 20 世纪 60 年代被用于评估政府援助项目（如将穷人的所得税税率降至负税率）以后，就开始频繁出现在美国的社会政策讨论中。在 20 世纪 90 年代，一批新的发展经济学家开始实地使用随机化控制实验评估援助项目。他们的研究引发了人们对随机化控制实验方法的热情，该方法的使用逐渐变得 3
普遍，如图 1－1 所示，这些数据来源于捐赠者团体——影响力评估的国际项目（International Initiative for Impact Evaluation，3ie）。

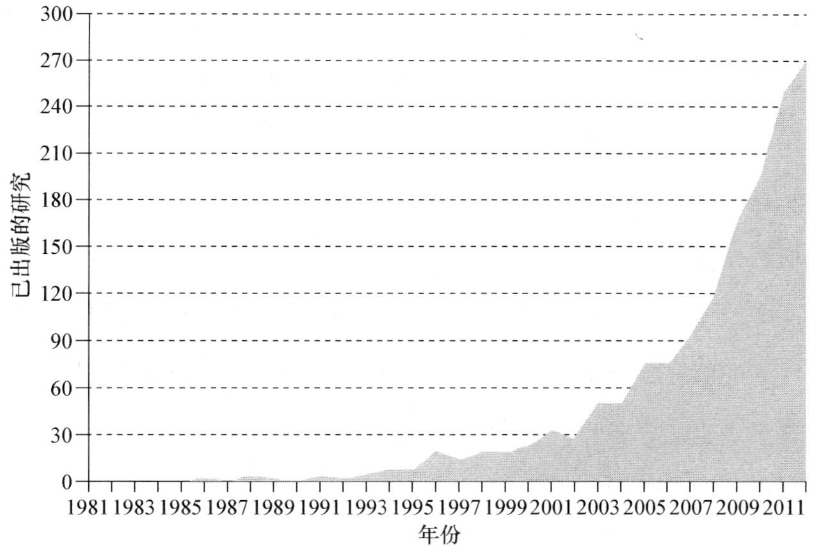

图 1－1　1981—2012 年已出版的在发展中的随机化控制实验

资料来源：Drew B. Cameron, Anjini Mishra, and Annette N. Brown, "The Growth of Impact Evaluation for International Development: How Much Have We Learned?" *Journal of Development Effectiveness* 8, no. 1 (2016): 1–21.

1981—2012年已出版的在发展中的随机化控制实验

在发展中的随机化控制实验的作用不仅在体量上有所增加，在种类上也有所增长。早期多被应用于直接的项目评估（“项目X对结果Y和Z产生了什么影响?”）。现在随机化控制实验常被用于检验发展中的特定理论，比如认知注意力是否影响储蓄和借贷行为，信贷市场上是否存在某种特定形式的道德风险，社
4 交网络如何影响新农业技术在小农户间的推广应用，越来越多的关注或信息能否让人们真正地享有他们应得的医疗服务，以及承诺投资肥料的策略是否能提高农作物的产量。此外，随机化控制实验还有助于解决具体操作问题，如贷款的最优还款计划、如何对卫生服务定价或如何向受助者描述现金转移项目。这些当然并不是相互排斥的：一些随机化控制实验在考察项目效果的同时，也能成功地检验理论，并回答重要的具体操作问题。这也是许多研究的目的，但区别就在于一项研究对以上三个目标的完成程度。

因为随机化控制实验的数量和范围都持续扩大，所以从中学到的经验教训在数量和质量上都有所增长，从而导致政策也在不断变化，虽然这个变化过程通常很缓慢且需要大量推动力，但仍然在进行中。扶贫行动创新（Innovations for Poverty Action，IPA，由迪恩

创立的非营利组织)① 和麻省理工学院的阿卜杜勒·拉蒂夫·贾米尔反贫困行动实验室（Abdul Latif Jameel Poverty Action Lab，J-PAL）进行合作，记录了它们在集体项目中获得的这种成果，并称之为"规模扩展"（scale-ups）：一些社会项目在被严格评估后得以扩大，这就是其效力的有力证明。该合作成果涵盖了许多领域，包括教育、卫生、小额信贷、收入补贴和政治经济学。下面给出八个例子：

- 改善大米补贴的对象和分布——惠及 6 500 万以上的人[1]；
- 志愿者教师补救教育——惠及 4 700 万以上的孩子[2]；
- 有条件的社区补助金——惠及 600 万以上的人[3]；
- 以学校为基础开展的驱虫活动——惠及 9 500 万以上的孩子[4]；
- 提供安全饮用水的氯分配器——惠及 700 万以上的人[5]；
- 免费发放针对疟疾的杀虫蚊帐（**没有可用的数据**）[6]； 5
- 警察的技能训练，以提高调查质量和受害者满意度——惠及印度拉贾斯坦邦（Rajasthan）的 10%的警务人员[7]；
- 综合的"全面"补助（"Graduation" grants）②，用于培训、指导和一些金融服务项目，旨在增加极端贫困家庭的收入——惠及 40 万以上的家庭。[8]

---

① IPA 也曾被译为扶贫创新行动，但译者认为翻译为扶贫行动创新更为贴切。——译者注

② 这是一种给贫困家庭的综合补助，有别于单独提供医疗、教育等某一项补助，它提供的是一系列的有体系的多方面综合补助，不仅给予贫困家庭生产资料，还教它们如何管理与投资，最终让家庭在这种扶贫培训中"毕业"。这是"毕业"在这里的意思，这不同于学校给毕业学生的奖学金。译者觉得直译为"毕业生"补助会让人误解，故意译为"全面"补助。——译者注

这些例子足以显示出规模扩展的多样性。

规模扩展的一方面是努力调整和提高已有项目的效率。在以上案例中，研究者发现设计或执行的细微更改就能大大提高项目的整体效率。例如，研究者与印度尼西亚政府合作，在社区的补助金项目中引入一个简单的绩效激励措施，以便获得更好的医疗和教育成效的社区能在下一年获得更多的补助金。与没有激励的类似额度的补助金相比，这个激励措施对健康的改善有显著的推动作用。[9]

一项针对哥伦比亚政府每月有条件的现金转移项目的研究发现，将每月补助中的一部分**推迟**到下一学期学费交纳即将截止时再发放，会产生很大的影响。延迟支付这个微妙变化产生的短期收益与立即支付相同，但能显著增加下一年继续上学的孩子的比例。同样，延迟到高中毕业再支付，不仅能够维持补助带来的短期收益，而且能增加高等教育注册入学的学生数量。[10]

另一个项目针对大米补贴，印度尼西亚政府最大的社会项目是给最贫穷的公民发放大米补贴，但该项目总是没有得到充分利用。
6 只有 30%的合格家庭知道这个项目，而这些知道该项目的家庭中又有许多并不清楚价格和它们应得的补贴数量。项目评估检验了以下两个措施的影响：分发写有价格和数量信息的个人 ID 卡，以提醒他们有资格获得补贴；以及基于社区的宣传活动。评估证明，这两个措施都能有效促使符合条件的人参与项目，并能有效应对收费过高的问题。如果每个家庭额外再支付约 2.40 美元的费用，增加的补贴平均能超过 12 美元。[11]

此外，杀虫蚊帐一直被用于抗击疟疾，但是直到最近关于它的定价问题仍没有达成共识。有些人觉得应该免费发放蚊帐——使用这种方法，就没有人会因为价格过高而无法获得保护。有些人觉得应该支付**一定的费用**，因为赠品将更可能被人遗忘或被忽视，而不会被人们看作是一项受到关注的投资。项目评估为人们提供了重要的指导：当肯尼亚免费提供蚊帐时，更多的人能够获得蚊帐，也同样可能会正确地使用蚊帐。[12]英国国际发展部（Department for International Development）、联合国千年计划（the UN Millennium Project）和其他主要组织现在都支持免费发放蚊帐。

规模扩展的另一个方面是对大项目进行评估，然后使得整个项目被大规模应用。有以下三个例子：志愿者教师补救教育项目[13]、提供安全饮用水的氯分配器项目[14]，以及旨在增加极度贫困者收入的多方面综合补助计划（通常被称为“全面”补助项目）。[15]在这些案例中，初始评估着重尝试新的方法或者尝试尚未获得实证的方法，而不是微调现有的方法。这些项目刚开始时只是针对有限规模的试点，随着多轮评估一次次证实了它们的有效性后，才会被推广应用。

志愿者教师补救教育项目刚开始时在印度古吉拉特邦（Gujarat）的 200 所学校进行试点，现在的规模扩大到印度近 3 400 万名学生。在所有发展中国家，IPA 和 J-PAL 的规模现在已经扩大到 2 亿人 7
以上。

提供安全饮用水的氯分配器解决了一个简单且普遍的问题。未经消毒的水会使人生病，添加几滴氯是一种廉价、有效且广泛使用的饮用水消毒方法；但是这种方法的使用率很低，甚至在那些了解并能够获得氯消毒剂进而从中受益的人中，也很少使用。源自行为动机分析的一个可能的解决方案是，如果人们在打水的时候能够“及时”获得氯，他们使用氯的可能性就会提高。也就是，把氯分配器安装在水井和社区自来水龙头的旁边。这也降低了成本，因为每个村庄只有一个地方需要补充氯。一系列评估都肯定了氯分配器对健康有积极的影响，并有助于推动该项目规模的扩大。由于这个简单的解决方案，截至 2015 年年底，在东非已有 760 万人用上了干净的水。

最近的一个例子是现金转移项目，它直接把钱给穷人，让他们用到他们认为合适的地方。最初该项目受到质疑，许多人怀疑穷人能否明智地使用这些钱。但是，非营利组织“直接给钱”（GiveDirectly）在肯尼亚进行了现金转移项目的随机化控制实验，发现该项目对受助者的收入、资产、食品消费和心理健康等都产生了很大的影响。[16]受到这些证据的鼓励，慈善基金组织“善意风投”（Good Ventures）给了“直接给钱”慈善机构 2 500 万美元去扩大这个项目。基于这些初步结果，其他国家也正在扩大自己的现金转移项目。关于如何更好地设计这些项目，仍存在许多问题，但它们确实提供
8 了一个有用的参照进行对比。对于那些需要资助的扶贫项目，我们现在可能会问：“它能做得比直接把钱给穷人更好吗？”

现金转移可以被看作是没有更好的措施时所采取的权宜之计。

但它们也不是万能的，许多贫困问题不仅仅是贫穷的副产品。如果仅是这样的话，再分配政策很早以前就能解决很多问题了。可能还存在多种市场失灵：例如，穷人获得的信息较少或无法进入市场。这意味着，在实施再分配政策的同时，辅以解决市场失灵问题的政策，也许能达到乘数效果，而仅仅使用再分配政策则无法达到。换句话说，转移 1 美元现金，受助者将得到 1 美元（事实上大约为 0.95 美元，这已经是相当不错的了）。但是也许有方法在转移 1 美元的同时，伴随 0.50 美元的服务，于是让受助者享受到 2 美元，即让你的钱（或一半的钱）产生更大的效果。为了检验这点，我们来看最后一个例子——旨在帮助极端贫困家庭提高收入的全面补助项目。

IPA 和 J-PAL 的研究者完成了 6 个国家的全面补助项目评估，该项目为家庭提供综合的援助，包括生产性资产（如 4 只山羊）、管理资产的培训、基本的营养与保健支持、储蓄的途径和生活技能训练。理论认为，这种协同的、多方位的支持能帮助家庭逐渐实现自给自足。三年来评估项目连续追踪了世界上最贫困的 21 000 人，发现了显著为正的社会回报——从 133%到 433%不等。也就是说，这个项目使每一美元的补助所带来的家庭支出都增加了 1.33 美元到 4.33 美元不等的消费。

全面补助研究在规模和协作上都是一个突破。连续追踪个人 3
年多本身就是一个挑战；还要在 6 个国家（埃塞俄比亚、加纳、洪 9
都拉斯、印度、巴基斯坦、秘鲁）进行；用 6 种语言询问可比较的问题；用 6 个国家的当地货币、价格和日常用品来度量与比较该国的社会及经济状况；再者，与 6 个不同的执行团队合作本身就是一个很大的成就。

对研究的复制常常接踵而至，甚至是完全复制。一个成功的研究可能会使人们有兴趣（并提供资金）复制它，所以人们往往要花上数年来围绕一个特定项目或方法建立一系列相关的证据体系。全面补助项目的研究者同时获得了来自 6 种（7 种，加上由单独研究者所研究的孟加拉国）背景设置的证据，使他们能够看到不同环境下的差异。它使我们更紧密地了解到全面补助项目究竟是**如何**起作用的，项目的受益者是谁，以及在什么条件下它们能运作得更好。

这一切让全面补助项目研究听起来非常成功，但它其实也有失败。有一些简单的“疏忽”错误：例如，漏掉了调查中的某个模块，然后无法衡量一组数据中的“心理健康”指标。根据实际的回答情况，许多测度的结果不像研究者期望的那样具有跨国可比性。而其他挑战则是不同国家间差异的必然结果，比如研究者询问具体问题（诸如饲养动物的成本问题等）的能力。此外，每个地区都承诺提供详细的检测数据，以便辨析六种设置下的背景差异，但这些数据最后都是不可获得的，从而使跨地区对比更具挑战性。

现在学术期刊和媒体报道中满是成功的故事，它们描述了人们与贫困作斗争的严密证据。IPA 和 J-PAL 出现在各类主流新闻媒体中，从《时代周刊》（*Time*）、TED、《纽约客》（*The New Yorker*）到
10 《经济学人》（*The Economist*）和《华尔街日报》（*The Wall Street Journal*）。它们尽管都是很好的期刊，但不能完全尽如人意。我们相

信，一些研究虽然并不适合《纽约时报》(*The New York Times*)，但提供了宝贵的经验教训，这些在研究者记忆中的研究经验如果未被记录，则最终会消失，这是我们写这本书的一个动机。

我们写作本书的另一个更大的动机是：研究者必须开始谈论失败，以确保证据在政策制定中起到**恰当**的作用。将从随机化控制实验中得到的结果作为其证据的“黄金准则”，显然有助于推动实验地位的上升。但是这也说明，人们很少听到随机化控制实验的研究者声明随机化控制实验可能存在过度延伸的风险。事实上，当使用随机化控制实验是恰当的方法时，被良好执行的随机化控制实验能为其因果关系提供最有力的证据。它能比其他方法更果断且准确地判断在被研究人群中项目 X 是否带来了结果 Y。但公共讨论忽略了这些细微差别。通常人们将随机化控制实验视为“黄金准则”，然而，“适用范围”以及“良好执行”也是同等重要的部分！不是每个项目或理论都适合用随机化控制实验的方法进行研究，即使它适用，随机化控制实验也可能因为执行不当而产生没有价值的知识。(下面有许多这样的例子。)

事实上，有大量证据表明有偏的结果与采用不恰当的方法有关。研究者在医学随机化控制实验中发现，在研究中不恰当地或含糊地遮掩处理和控制任务，反而会带来更大的处理效应。这是一个惊人的结果，对此有一个明显的解释和另一个不那么显而易见的解释。明显的解释是：不当的方法能导致结果上的更大偏差，或者更糟的是，还据此给出了可能的处理方案。因此，他们得到了更大的统计上显著的处理效应，通常处理效应更大的研究更易被发表。不那么显而易见的解释是：也许当处理效应很大时，期刊编辑和审稿人更容易忽视草率的方法。他们往往挑剔不那么显著的结果，但面对
11 “重大”结果的报告时则不会苛求它的细节。为了检验这两种解释，一个理想的方法是：将使用草率方法的论文随机提交给期刊，再观察草率的方法对不同论文（报告较大处理效应的论文和较小处理效应的论文）接收率的影响是否有所不同。但这几乎是个不可行的研究。

一定要清楚底线，一个糟糕的随机化控制实验比不做实验还糟：它教给我们的很少，还消耗了本可用于提供更多服务的资源（即使不确定其价值），并且可能丑化人们对随机化控制实验和一般研究的看法，如果我们相信它的结论，甚至可能引导我们向错误的方向发展。对于糟糕的设计或执行不当的研究，也是同样的道理。

本书的核心

即使在相对有限的国际发展研究领域也有许多不同种类的失败，我们不会试图讨论甚至描述全部的失败。我们接下来将说明本书的主要内容。

在本书中，我们的核心是**研究失败**，在这些案例中研究者根据特定的问题（例如：“金融知识培训能帮助借款人偿还他们的小额贷

款吗?”）构思研究，但我们不会试图回答他们的问题。为什么会失败呢？这些失败的案例可以归为两类。第一类是因为研究者从一个错误的计划开始，第二类是因为他们虽然有一个很好的计划，但在研究过程中发生了意外事件。我们在第一章和第二章所讨论的失败、研究背景设置和技术设计都属于第一类。第二类包括合作机构的挑战、调查和度量的执行问题，以及较低的参与率，我们将在第三、
四、五章中讨论。 12

与此相反，有时产品或服务（如小额贷款、奖学金、疫苗）按计划完成，然后被执行良好的评估得出了精确的结果——无效，即在统计上确认这项干预措施没有对目标结果产生任何因果关系的影响。简单地说，这个项目没有起作用。我们称这种案例是**想法失败**（idea failures)。这些也是值得学习和分享的重要经验教训。但它们不是本书的主题。

许多想法失败的案例其实在研究上是成功的。得到“没有影响”这个精确的估计结果，研究者就可以安心地继续前进，并尝试其他方法。我们在此看到的一个真正失败的案例其实发生在学术出版系统中：精确的“没有影响”的结果往往被学术期刊拒绝，这是有较坏影响的尴尬现实。许多人试图解决这个问题，但结合一个糟糕的比喻，它有点像为了挪开西西弗斯①的石头而去养一群猫一样。评估

① 西西弗斯为希腊神话人物，因触犯众神，被罚往山顶推一块巨石，周而复始地重复同一个毫无意义的动作。——译者注

的良好愿望是要阐明**为什么**一些因素起作用，而不仅仅是阐明它是否起作用。失败的想法可以像成功的想法一样展示给大家：如果这个方法看似明智，为什么它不起作用呢？尽管结果是“没有影响”，但如果一项研究可以解释它为何没有影响，那么出版系统也应该奖励它，就如同出版系统奖励那些记录了起作用的想法的研究。

本书的其余部分

在第一部分（第一至五章）中，我们将研究中的失败分为五类，描述它们如何出现以及为什么出现，并给出通用的例子或者每类失败的例子。失败的分类如下：不恰当的研究背景设置、技术设计缺陷、
13 合作机构的挑战、调查和度量的执行问题，以及较低的参与率。偶尔我们会用假设（如：“想象你正在评估 200 所学校的供餐计划……”）来进行阐述，但是我们会在可能的情况下尽量使用来自实地的真实案例。

在第二部分（第六至十一章）中，我们用六个失败的项目进行更详细的案例研究，包括背景和动机、研究设计和执行计划，分析到底是哪里出了错，该吸取哪些教训。同时，对真正以失败告终的项目做剖析式的报告。与大多数取证过程类似，它们描述的情况是混乱且多方面的，每个案例都涉及多种失败类型。甚至，我们在撰写和编辑这些案例时还总结了一个教训：个人的失败往往会像滚雪

球一样迅速增大，特别是如果它们没有被立刻发现并处理时。值得注意的是，第二部分中的许多案例是关于“小额贷款加”（microcredit plus）项目——这些项目将小额贷款与一些额外的服务捆绑在一起。这些案例之所以都和小额贷款相关，部分是由于一个简单的事实——我们（特别是迪恩）已经做了很多关于小额贷款的研究。虽然这些案例在程序上相似，但是每个案例的失败都源于自己独特的方式和独特的原因。这本身就是一个有趣的发现：研究的潜在失败之处不仅取决于被研究的项目，而且取决于许多其他因素。相反，截然不同的项目研究也可能因为相似的原因以相似的方式失败。

最后，结论和附录总结了来自第一部分和第二部分的关键教训和主题，并给予那些即将着手开始实地研究的人一些指导。书中的大量篇幅在告诉你不该做什么。但是你**应该**做什么？关于这一点的建议较少，但这只是一个开始。本书除了从案例中总结正面的经验外，也推荐了其他的参考资料以提供具体的指导方针、规程和策略， 14
从而帮助研究者设计和进行成功的实地研究。

超出本书的内容

我们非常高兴，也很感激数十位同事（从刚从业的研究助理到终身教授）为本书所付出的努力，他们公开分享自己所经历的挫折，使他人可以从中受益。但是，国际发展研究领域并没有公开谈论失败的传统。我们这里讨论的许多例子都是我们自己的，其中一个原因就是难以找到愿意分享失败经历的人。

在写作本书时，我们联系过的研究者远比出现在本书中的要多。许多人钦佩这种冒险，但是不愿意公开分享他们的故事。一些人担心自己参与过失败研究后资助者或合作机构会对其失去信心（特别是如果他们希望将来与那些资助者或合作伙伴再次合作）；其他人则不希望他们的研究被贴上“失败”的标签，这些研究虽然有明显的纰漏，但仍然产生了一些可发表的结果；又或许，一些人只是不希望他们的名字出现在犯了错误的研究者名单中。

考虑到这些研究者要面对许多很现实的问题，比如科研经费、出版作品和职业发展，他们的理由是可以理解的。对他们寄予厚望是不现实的。任何人如果尝试了足够多的次数都偶尔会有失败；为什么要装呢？这个话题不应讳莫如深。如果有更多的研究者养成分享失败经历的习惯，整体研究的质量必将有所提高。

本书代表了在这条道路上迈出的第一步。除了书中的例子，我们正在与世界银行的戴维·麦肯齐（David McKenzie）和伯克·厄兹莱尔（Berk Özler）共同开展一个在线合作项目——整合和分类那些
15 写在博客上的失败故事。在理想情况下，这将成为研究者的惯例，当研究失败以后，简略地记下是哪里出错了，并与大家分享。如果这能成功，我们将与他们合作建立一个关于失败的知识库，使之成为一个独立的网站。同样重要的是，我们希望着手开始新研究的研究者能真正使用这些资源，看看过去的失败，吸取相关的教训，并

避免重蹈覆辙。

【注释】

[1] 印度尼西亚政府公布的项目信息宣传册的第五页（http://www.tnp2k.go.id/images/uploads/downloads/Booklet%20Penetapan%20Sasaran-Solusi%20Kepesertaan%20dan%20Pemutakhiran-A5.pdf，2016 年 2 月 3 日）。

[2] 来自 2014—2015 学年结束时 J-PAL 对研究和规模扩大进行的总结（https://www.povertyactionlab.org/scale-ups/teaching-right-level，2016 年 2 月 3 日）。

[3] 2016 年 2 月 IPA 对此进行了证实。

[4] 来自 J-PAL 对除寄生虫的研究和规模扩大计划的总结（https://www.povertyactionlab.org/scale-ups/deworming-schools-improves-attendance-and-benefits-communities-over-long-term，2016 年 2 月 3 日）。

[5] 原始数据来自 J-PAL 对氯分配器项目的总结（https://www.povertyactionlab.org/scale-ups/chlorine-dispensers-community-sources-provide-safe-water-kenya-malawi-and-uganda，2016 年 2 月 3 日）。

[6] IPA 和 J-PAL 将它归类为**政策影响**：一个研究政策决定，但确切的人口调查需要非常多（且不太确定）的假设。

[7] 来自 J-PAL 的总结（https://www.povertyactionlab.org/scale-ups/police-skills-training，2016 年 2 月 3 日）。

[8] 2016 年 2 月，世界银行下属的扶贫协商小组（Consultative Group to Assist the poor，CGAP）的字幕新闻（详见 http://www.microfinancegate-

way. org/library/reaching-poorest-scale，2016 年 2 月 12 日）详细报道了 20 多个国家的 33 例全面补助项目，涉及 40 万多个家庭。2016 年计划在埃塞俄比亚进行大规模的扩大，将额外增加多达 300 万个家庭。

[9] 参见 Olken、Onishi 和 Wong（2014）。

[10] 参见 Barrera-Osorio 等（2011）。

[11] 参见 Banerjee 等（2015）。

[12] 参见 Cohen 和 Dupas（2010）。

[13] 参见 Banerjee 等（2007）。

[14] 参见 Kremer 等（2011）。

[15] 参见 Banerjee 等（2015）。

[16] 参见 Haushofer 和 Shapiro（2013）。

第一部分

导致研究失败的主要原因

第一章

不恰当的研究背景设置

箴言： 你应该充分理解背景和干预，这种干预显然应映射 19
出似乎合理的理论变化。

研究性学习和评估是如何产生的呢？我们以一个政策推动型的研究为例：观察一个问题或挑战；与了解当地情况的机构合作；弄清问题的起因、构建理论和假设；收集特征信息；构思可能纠正问题的干预措施；检验该措施；重做、修改、继续检验。所有这些努力都是为了探究该如何进行评价。在这类案例中，背景设置的适当性并不会成为一个问题。整个研究过程起源于该问题存在的特定环境，整个研究也围绕着它进行精心设计。

这是一个很好的计划，但并不是所有的研究都遵循它。假设与干预措施的灵感往往来自别处——也许是某个现有理论的扩展或结果，也许是受到其他研究的启发，也许是来自邻国或偏远国家的经

20 验。在这种情况下，已经构思好理论或假设的研究者就可以开始寻找合适的地方准备进行实验了。他们在考虑备选的实验地点时，通常要关注各种关键特性的拟合优度。

首先，研究者必须确认，被选取的样本中的这些被试者确实面临特定的问题或挑战，而干预措施是针对该问题的可能解决方法。这看似是显而易见的，但实际上它并不总是明显的。想象要进行一项公共卫生宣传活动，活动旨在告诉人们睡在蚊帐里的重要性。检验这个活动成效的理想地方应该是一个**完全不了解**蚊帐的作用的地方。但是如果不进行有成本的事前调查，你怎么知道人们是否已经了解这些信息呢?

其次，研究者常常寻找合作机构来帮助设计或实施干预措施。这些合作机构必须有意愿并且有能力参与研究。在有关“合作机构的挑战”的一章中，我们会更多地谈到具体什么是“意愿和能力”。在研究的背景设置方面，关键的一点是研究中的所有干预措施都必须被完全标准化且准备就绪，这样才能进行公平一致的检验。比如与合作伙伴联手开展一项严密的影响评估，如果在评估开始时，合作伙伴仍然在修订该干预措施或流程，那就可能是灾难性的。(为了避免混淆，请注意：一个常见的误区是，为了进行随机化控制实验，必须确保提供给处理组中的所有被试者的服务都是同质的。但事实并非如此，比如社区主导型的发展项目。在这类项目中，虽然**发展过程**是静态的，但是发生在每个社区中的变化并非是静态的——这也是没问题的。人们依然可以评估这一过程是否有效提高了社区的

凝聚力，更好地提供了公共品等。重要的是要记住，我们是要检验
社区主导型**发展过程**的影响，而不是检验建造卫生诊所的影响，如 21
果一些社区选择建造的公共品碰巧是卫生诊所的话。）

修改阶段和最终确定阶段之间的界限是不明确的。实践者总是面对一条自然的学习曲线，犯下可原谅的初学者错误，且需要匆忙做出调整——对于需要坚决遵守实验协议的研究而言，这些都可能造成严重的后果。指导原则是：干预措施应该是被明确定义的，如果这项措施成功的话，研究者就很清楚那个可以被复制或扩大规模的“措施”是什么。

最后，研究者还必须注意背景设置的自然、社会和政治特征。首先，这些特征应该符合干预措施及其理论基础。比如以下这个显而易见的例子：疟疾预防项目的检验只能在疟疾流行地区进行。另一个不太明显的例子是，假设我们想要检验实时的农贸市场价格信息是否会影响农民决定去哪里出售农产品。只有在农民真正拥有选择权的情况下——也就是有多个市场位于合理的距离内，并且这些市场都欢迎新的进入者——才能开展这样的研究。虽然我们之前没有看到过农民更换市场，但这并不意味着他们无法这样做；事实上，这项研究也许可以揭示他们的流动性。其次，背景环境必须允许干预措施的引进。比如，如果在学校谈论性是禁忌，那么就无法研究学校生殖健康课程的影响。最后，数据收集必须是可行的，无论是通过调查（人们愿意诚恳地作答吗?）获得数据或是现成的行政管理数据（机构愿意分享专有资料吗?）。

在实践中，选择背景设置通常是一个复杂的过程。不仅需要花费时间和精力，还需要判断力和理论，理论向我们描述了潜在背景**如何**与被检验的干预措施相互作用。

22 研究者如果试图强行拟合研究的背景设置，就常常会出现问题。当几乎所有的标准都被满足时，研究者就会很自然地说服自己相信“我们已经足够接近”——尤其是在已经投入了大量的资源时，就更倾向于这样。在这种情况下，研究者就很容易执着于“完成它”，或轻易相信那些潜在的障碍都会自动消失。这时就需要谨慎了。

其实从根本上看，这就是关于风险管理的问题。这些终究不是二元且可控的条件。相反，大部分过程都要依赖信任和辨别力，但也有一些值得一提的常见误区。

糟糕的研究时机

并发事件虽然与研究不相关，但有时却能改变背景环境进而影响研究。它可能是任何方面的改变——政治、技术、天气和政策，这种改变就如同一个本来思虑周全的完美计划有了一个潜在的瑕疵。此时，待命的员工、合作伙伴和资金都已准备就绪，研究者很少有耐心继续等着看将会发生什么。

我们将在第九章中探讨这样一项研究：研究者着眼于印度的小额贷款产品，研究包括借款人从供应商处购买小鸡，抚养它们，再将成年鸡卖给经销商。一个安排紧凑的“时间表”就由此形成了，供应商和经销商都要在预先设定的时间来到借款人的村庄，用平板货车卸货、装货。但是小额贷款的软件升级（与研究无关）花费了比预期更长的时间，进而把研究推迟到了印度夏季季风来临时才开展。连日的大雨使得一些道路无法通行，扰乱了配送时间表，也让客户在第一步养鸡就变得更加困难。这时研究已经明显被推迟了，但研究者决定继续进行研究——事后发现这是错误的。 23

类似地，在第十章我们将讨论一个关于小额贷款者的研究，在客户偿还贷款时，信贷员向他们提供健康和商务培训。在研究开始前不久，贷款机构改变了针对初次借款人的政策（这也是与研究无关的）。新客户接受培训（其中大部分内容是让客户理解按时还款的重要性）的时间被缩短到 8 小时，而不是之前的 24 小时。虽然贷款产品的具体细节保持不变，但是在政策改变后新客户的还款率立即下降。信贷员发现他们不得不将有限的时间用于追讨欠款以及提供健康和商务培训，这种紧迫（以及其他问题）最终注定了研究的失败。

技术上不可行的干预措施

许多研究都依靠基础设施——道路、电网、医药的冷链物流——提供处理措施。研究者可以直接核实这些设施是否存在以及它们的可靠性，但这样做需要花费时间和资源。这种调查似乎是不必要的，尤其是在当地预期较为乐观时。人们总是相信电力一定会恢复——也许是下周。合作机构的员工会肯定地告诉你："这里的每个人都有一部手机。"但是如果你的研究依赖于此，就不要相信任何人的话。要获得数据，或者来自可靠的第三方，或者最好来自直接调查。

此外，要了解困难的程度。在第六章中我们将讨论这样一项研
24 究：秘鲁的小额信贷银行 Arariwa 面向客户开展多媒体金融知识培训项目，包括用 DVD 播放一些短的影片。研究者希望节省购买这些新设备的费用，因此询问那些将给客户做培训的信贷员（并且多年来一直陪伴着这些客户）是否能够从朋友、家人或客户那里借到电视机和 DVD 播放机。信贷员认为他们可以借到，所以该项目在没有购买新设备的情况下继续推进。结果却发现，在秘鲁农村，音频、视频设备比信贷员预计的更难以获得。项目的中期审查表明，几乎没有信贷员向客户成功地展示了 DVD 影片。

不成熟的措施

用随机化控制实验检验的干预措施通常都有一些创新的特点：干预措施是对现有项目或产品的增加或调整，或应用到新的地方，或者是全新的方法。也许正是这种创新才使得一个研究有吸引力。

但也让我们很难预料，当干预措施被应用到实地时将会发生什么。

太快进行评估是错误的，也就是不应该在研究者彻底核验该研究的作品或项目之前就开始评估。在这方面，研究者与合作机构经常会犯过度自信或虚假乐观的错误。大部分细节都是固定的，那些一直存在的尚未解决的难题在这时似乎也并不是主要的。执行者也许能列出大量的相关经验，还可能从相似设置下的类似项目中吸取教训。但经验表明，每一次新的执行过程都有它自己独特且可能具有破坏性的瑕疵。

在第七章中我们将看到这样一个案例：加纳的一个小额贷款机
构与研究者合作研究客户对小额贷款的需求与利率之间的关系。（顺 25
便提一下，本书的合著者就是在这个项目中相遇的。雅各布·阿佩尔在 2006 年担任迪恩与其他人的研究助理，帮助启动这项研究——比我们预期的早一点。）这个贷款机构以前只有基于组群的传统贷款，为了进行研究，贷款机构创建了第一个基于个人的小额贷款产品，并构想了一个直效营销活动来邀请潜在客户进行申请。上门营销对贷款机构而言是一种新的策略，它们在实施前明智地进行了前期试点以检验该政策。因为新产品与旧产品在许多方面是相似的，而且会让有经验的员工来处理这些新产品的业务，所以研究团队认为前期试点没有必要涵盖贷款申请和管理过程。但结果证明这是错误的，申请过程中看似细微的变化都能引起重大的操作延误。

在第十一章的另一个案例中，两个印度公司（小额贷款机构和保险公司）联手把基本的保险政策与贷款机构的小额贷款捆绑在一起。各方都认为定价公平的保险是很有吸引力的额外福利，一定会使得小额贷款产品更受欢迎，所以它们未经检验就立即推出了该项目。结果客户却把它看作是一个负担——这个意想不到的反应完全破坏了这项研究。

研究者不知道什么时候该放弃

研究者就如同山间小屋中满怀希望的徒步旅行者。成功（山峰）就在那里，透过窗户向我们招手。在前面的例子中，他们是冲动的，没有完全了解地形和天气预报，不顾（或不知道）可能遇到的危险。
26 一旦走在山路上，他们发现环境比他们预期的更加艰难。在第二部分讨论的案例中，我们将详细介绍他们遇到的大雨、冰雹、崩落的岩石和不可逾越的鸿沟等。

如果天气非常糟糕，以致他们连小屋的门都无法打开呢？正如其他案例所示，徒步旅行者是坚定且急切的，他们厌恶放弃：他们已经获得了许可，投资了装置设备，又走了很长的路才来到自然保护区。然而，他们发现自己是在打一场消耗战，而不是在与自然力量对抗。为了登顶，他们能坚持多长时间呢？什么时候应该停下脚步、打包行李、调头下山以避免更多的损失呢？

乔治城大学的研究者比利·杰克（Billy Jack）、麻省理工学院的塔福尼特·苏瑞（Tavneet Suri）和华威大学的克里斯·伍德拉夫

(Chris Woodruff) 在研究供应链信贷时也遇到了这种困境。他们与当地银行和消费品经销商合作创建了一个贷款产品，使零售商能够向经销商贷款来购买额外的商品，而且全部手续都可以在手机终端完成。其实把这些合作机构联合在一起本身就是一项成就：有能力提供这种产品的有经验的公司，以及分布大到足以对其进行稳健性检验的公司，两者都已经具备了。当准备好执行计划，研究者全部到场，各方也都签署了协议时，似乎每个人都准备好开始攀登最高峰了。

但是每次他们开会进行最终检查时，都会发现一些问题。第一次是银行发现它的后台系统不能适应大家最初都同意了的这种产品结构。这个问题引起了第二轮讨论，随后研究团队提交了一个新的产品建议，新的产品建议与初始条款保持一致，并符合银行的后台系统。银行在考虑了几个月以后，对其做出了回复并进行了修改，
这次修改不同于最初的协议和第二次讨论。所以他们举行了第三次 27
会议来协调这些差异，并开始对修订的实施计划进行再次修改。随着执行日期的临近，该研究团队要求银行提供其后台软件的屏幕截图，以验证产品条款的设置与协议一致，结果却发现银行大幅提高了贷款利率。[在前几次会议中银行记录的会议内容（包括利率协议）与实际讨论的结果有出入。] 这引发了第四次会议，形成了第三次修订的计划，包括立即开始进行试点。试点很快就遇到了技术问题——支持在手机上实现一体化的软件出现了问题，使产品失去了载体，难以为继，这迫使他们再次暂停这个项目。

在这些错误刚开始出现时，研究团队已经招募参与者进行了三个独立的基础调查，当研究被再次推迟时，所有这些努力都会作废。设想一下这个场面：整个项目的开展耗费了将近三年的时间，研究者与合作机构花费了无数小时进行计划、修改和谈判；但是最终除了挫败感，大家什么也没有得到。在这个过程中，研究者看到他们的成功机会在不断缩小。不止一次，他们考虑过停止项目，但又似乎总有一线希望在鼓励他们再尝试一次，或与合作伙伴再召开一次会议。耗费的时间越长，他们的投入就越多，退出就变得越痛苦(浪费)。

在某种程度上，这显然是一个不承认沉没成本的故事——加倍将努力投入到已经花费了的不能恢复的时间和资源中。虽然我们在
28 理智上明白继续研究是徒劳的，但仍然倾向于坚持这么做。我们不希望我们的工作被浪费掉。这似乎是矛盾的，在设计和执行严密研究计划的过程中，出现在所有智力挑战中的最大挑战可能是决定何时停止。

第二章

技术设计缺陷

箴言：除了重要的细节（比如调查设计、调查时机、样本 29
大小和随机化）之外，你还应该关注技术。

研究者设计随机化控制实验去检验特定的理论，往往是通过检查特定干预措施的影响。遵循这个思路的主要步骤就构成了实验设计的主体：随机化机制、统计功效和必要的样本大小计算、调查的构成以及其他数据收集工具。如果这些步骤被正确执行，且不存在任何意想不到的问题，在获取数据并依此撰写的学术论文中，这些步骤通常会被省略。这部分是因为涉及的细节太多，部分是因为审稿人让研究者删掉它们或把它们移到在线附录中以防止文章过长。理论结果以及与政策相关的结果才是论文的中心，其余的部分都只能弱化到背景中。

尽管人们相对较少地谈论这些细节，但它们确实是很重要的。

调查设计错误

30 研究者想知道的常常很简单：上周的营业收入是多少？你的家里有几口人？这些事实问题看似是界定明确的，其答案也看似是独立且易得的。但是当调查员真正开始询问这些问题时，却发现了各种各样意想不到的复杂情况。上周的营业收入？“这取决于我们是否应该包括赊账购买和实物交易。不管怎样，我们该如何给实物交易定价呢？”一个家庭有几口人？“嗯，有五个人住在主屋，我的儿子有时住在这里，但是冬季就去城市工作。他算吗？另外，在过去八个月里，我的妹妹与她的丈夫和孩子一直住在后面的房子里，没有支付房租。但有时他们会帮忙准备些食物。他们算吗？”

即使是最简单的问题，也常常会令人担心。不仅是问什么，提问的方式也是很重要的。问题的措辞、发问的人和被问的人，提供的备选答案数量，答案选项排列的顺序，各个问题在模块中的位置和各个模块在调查中的位置——所有这些因素都有可能使人们的回答朝着另一个方向发展。理查德·塞勒（Richard Thaler）和卡斯·桑斯坦（Cass Sunstein）在《助推》（*Nudge*，2009）一书中对政策设计的警告就给了我们提示：在设立一项政策（或者在这个案例中是设计一个调查）时，从来都没有“中性的”选项；每一个选项都有影响。完整的注意事项太多了，就不在此一一罗列了，总之本书并不是一本调查设计的综合指南。在此我们仅会提到两个需要避免的常见问题。

第一个问题是调查过于“臃肿”，特别是没有对全部问题进行清晰的分析与规划。当研究者质疑一个问题（通过这个问题真的能得到想要的数据吗？它的噪声大吗？是否会影响它作为一个合适的测度指标?）时，通常的办法是增加另一个类似的问题（但不是完全多 31
余的问题）作为再次确认。毕竟，研究团队已经做了实地调查，多问几个问题又能怎么样呢？同样的逻辑也适用于那些与研究兴趣的关键结果没有直接关系的问题。再增加一个问题似乎是很廉价的保障。我们很容易想到另一种不愉快的选择结果：如果省略该问题意味着错过一个重要的数据，那会怎么样呢？很可能不会再轻易有第二次获得该数据的机会。

额外一个问题的成本常常难以观察。第一个成本是调查疲劳。受访者会感到疲惫，逐渐不愿回答问题，并给出不一致的答案。（调查员也常常会遇到同样的问题。）第二个成本是：分析计划究竟是什么？人们如何决定哪一个问题更好？或者干脆计划取两个答案的平均值吗？

第二个问题是设计糟糕的调查项目。常见的错误包括不明确的术语或模棱两可的问题，这会让人们产生多种不同的理解。非母语的人把调查问题翻译成当地语言或方言常常会使问题进一步复杂化。特别是，如果对调查员的培训不够严格，不同调查员得到的结果就可能差异很大。答案选项不够全面也是常见的错误。每个问题的答案集合都必须包含调查员在实地可能获得的全部答案。自由作答的问题（可以输入任何文字或数字作为答案）通常不存在这种问题，但多项选择题就可能存在这种问题，调查的设计者必须预测并列出所有可能的答案。

下面的例子来自 2012 年在加纳开展的研究项目。哈佛大学的研
32 究者冈瑟·芬克（Günther Fink）、耶鲁大学的迪恩·卡尔兰和克里斯·乌德利（Chris Udry）想调查受访者是否睡在经杀虫剂处理过的蚊帐内，这是对抗疟疾的关键预防措施。他们的调查问题如下：

Q1. 你有经杀虫剂处理的蚊帐吗？

a. 有

b. 没有（如果没有，跳过 Q2）

Q2. “你能带我看下你的蚊帐吗？”（调查员直接观察受访者的睡眠区域并选择合适的选项进行记录。）

a. 其实他自己并没有蚊帐

b. 有一顶蚊帐，但没有挂起

c. 有一顶挂着的蚊帐

起初，这些选项看似是简单而明确的，直到调查员在现场遇到了一个不符合任何选项的场景为止。原来，相当多的受访者确实拥有蚊帐，并将它们挂在卧室里，但是挂在门上，而不是挂在床上。调查员并不确定这种情况应该记录为 b 还是 c。幸运的是，在前两天的调查中研究助理就在现场监督时发现了这个问题，研究团队迅速给 Q2 添加了第四个答案选项。（这也突出了本书的主题之一：训练

有素且仔细的工作人员是非常重要的，这有助于处理实地调查中遇到的各种错综复杂的问题。）

经验教训：在进行调查前一定要实地检验调查问题。同时，定期听取实地调查团队的汇报，及时发现受访者在回答哪些问题时较为困难、哪部分调查最难执行等等。对于那些多数回答为“其他”或“N/A”的问题也要特别注意检查。中途改变调查当然是不理想的，但如果受访者或调查员在某些部分一直遇到困难，那么改变就可能是必要的。

不恰当的测度规程

调查及收集数据的其他工具，与安排这些研究工作的计划是一 33
样重要的。同时，看似简单的任务又出现了意料之外的复杂并发症，因为这些任务要在富有挑战的实地环境中重复进行成百上千次。

研究者首先要做的就是确保他们自己真正理解和遵循他们的样本选择过程，这样他们才能确保他们收集的数据是来自正确的调查对象。通常这意味着，要么潜在受访者要符合一些特定的标准（如他们是特定市场区域中的全职卖家，或是晚上工作的出租车司机），要么按照名单上的名字进行采访（如一个小额贷款机构提供了一张客户列表）。如果是前者，调查员的角色类似于人口普查的工作人员，他们试图弄清楚受访者的生活细节，并匆忙做出判断。（假设一个女性每年有八个月在这个市场卖蔬菜，有两个月在同样的市场摊位卖布匹，另外两个月回到她的村庄，之后再离开她的女儿去照顾摊位。那么她算是一个全职卖家吗?）如果是后者，调查员必须确认受访者的身份。有时这很简单，直接问他的名字或检查ID，有时这可能是很复杂的。在某些情况下，如果受访者在最初登记或早些时候的基础调查中提供了一些相关信息，研究者就可以用找回密码问题的方式来进行验证，例如询问受访者的生日或家乡。

当有很好的理由吸引人们参与调查时，严格的身份验证就尤其重要。比如，这项研究本身被认为是有价值的或负有盛名的，或者
34 受访者是有报酬的。在第八章中，我们将讨论在乌干达开展的一项调查，在研究中人们用真实的钱玩游戏，参与者可以赚到几美元。虽然金额不多，但是研究者证明这已经足够吸引人们成为合适的受访者并配合调查。

事实上，是否、如何以及补偿多少给受访者都是很复杂的。例如，有一个伦理道德方面的考虑：如果人们（尤其是贫困的人）利用从事生产活动的时间去参与研究，一些人认为他们应该得到全部的补偿。但是研究者也有策略层面的考虑，补偿对数据质量可能产生影响。如果参与调查的成本远远超过收益，就没有人会选择参与调查；如果带来的收益远远大于成本，人们又可能会因为错误的原因而选择参与，并为了获得调查员的青睐而经常回答他们认为研究者想要听的内容。

此外，要明确在何时何地进行调查。受访者将在家里、在工作场所还是在一个中立的地点接受采访呢？配偶、孩子或朋友可以旁听，还是该调查需要完全私人地进行呢？背景环境会影响回答。如果调查员在受访者工作的时候去找受访者，这就要经常面临受访者注意力分散的问题；但如果不这样，让受访者暂停工作来接受调查，他们就往往急于完成调查。对于某些类型的问题，在公共场合作答能避免受访者撒谎，以免被他的邻居听到后说他骗人；但对于其他类型的问题，这种公开的形式可能带来相反的效果。

这种情况也不是完全无法解决的。研究者所做的每个选择——他们问什么、如何发问、什么时候在哪里向谁提问——都会产生无数微妙的影响；然而人们可以做出更好的（或更糟的）选择。最好的建议是，如果可能，通过实地检验或试点调查和计划来努力弄清楚这些影响，并且在决定如何继续进行时慎重考虑如何处理它们。

在随机化、功效和必要的样本大小计算中犯的错误

无论是对于实地研究，还是在国际发展领域，有关随机化控制 35
实验设计的这些基础组成要素都不是独一无二的。在实验室条件下，它们几乎都是由研究者直接负责的。但是在实地调查研究的过程中，

当合作伙伴负责销售、交付产品和服务以及收集数据时，它们有时会脱离研究者的掌控，正如以下案例所示。

克莱姆森大学的迪恩·卡尔兰和丹尼尔·伍德（Daniel Wood）正在与非营利组织“摆脱饥饿”（Freedom From Hunger）合作进行一项筹款研究，以检验两种不同的直接邮件募捐的效果。[1] 他们计划了一场简单的竞赛：分别设计了两种募捐请求，随机将其中的一种寄给潜在的捐赠者，看哪一种能带来更多的捐赠。“摆脱饥饿”组织委托一个营销公司来负责邮寄，研究者把过去捐赠者的地址列表交给营销公司，并指示营销公司随机地把两种募捐请求中的任意一种寄给列表上的所有人。营销公司按计划把邮件都寄出去了。但研究者并不知道营销公司并没有做到真正的随机化。事实是，近期的捐赠者都收到了同一种募捐请求，而更早以前的捐赠者收到的都是另一种募捐请求。显然，营销公司（大致）按上次捐款的日期对捐赠者名单进行了排序，并把它分成了两部分：给上半部分的人寄同一种募捐请求，给下半部分的人寄另一种募捐请求。

这彻底破坏了检验。最先显示出事情不太对劲的迹象是，大到令人难以置信的处理效应：高达过去研究水平的 20 倍。这让研究者意识到可能有地方出错了，这促使他们检查捐赠者名单，并弄清楚到底发生了什么事。最终发现，最后一次的捐赠时限显然是下一次
36 捐赠时限的巨大推动力，并且所谓的随机化是完全没有意义的（这远远谈不上随机）。结果除了扔掉数据并添加几个脚注以外，其他的

什么也做不了。(应用计量经济学家可能想知道研究者是否可以使用断点回归的方法。答案是，研究者没有足够的数据，无法达到使用该方法的门槛。对于筹募基金活动中的随机实验的结果，使用非随机方法来研究其对捐款的影响并撰写论文是非常奇怪的。然而，它确实是一个有趣的脚注。)

这里的经验教训很简单：要密切关注这些步骤，特别是在让不熟悉随机化的合作伙伴来执行这些步骤时。

* * *

即使研究者直接控制这些步骤，也有一些常见的错误需要避免。功效和必要的样本大小计算都取决于很难观察到或猜测的参数。正如我们将在“较低的参与率”这一章看到的，合作伙伴和研究者常常高估参与率（并且也因此高估功效）。实地随机化控制实验中的另一个重要参数是集群内相关性：“集群”（通常是一个地区内的村庄或一个学校中的教室）内的个人行为的相似程度。直接观察几乎不可能，但是研究者必须做出一些推测或猜测。最好的建议是，研究者想象实地中会遇到多种场景，对关键参数取相应的值，并进行多次计算，而不是仅提供一个单一的答案（在大多数情况下这个答案还可能是错误的）。关于功效对参与水平和集群内相关性等变化的敏感性，这个方法将给我们提供一些启示。

值得一提的一种特殊情况是有关异质的处理效应，也就是干预 37
措施对受访者的影响根据变量不同（比如，一种干预对女性的影响不同于男性）而有所差异。虽然从理论或政策的角度来看，异质的处理效应常常是令人关注的，但在实验设计中研究者却很少关注它们。相反，研究者通常积极推动他们的实验来发现“主要效果”。主要效果简单对比了整个处理组与对照组，把所有其他变量都混合在一起。估计异质的处理效应通常需要开展更大型的研究，因为各组不同处理效应的预期差异通常小于处理和控制之间的预期差异，所以需要的样本量更大。

大多数研究**不是**围绕异质性进行设计的，但是人们常常想知道干预措施在不同类型的参与者间如何起作用。小额贷款就是一个很好的例子。虽然诸如“小额贷款对借款人的一般影响是什么？”等一般的问题很重要，但现有研究却很少关注更精确的问题，比如：“小额贷款对男性的影响和对女性的影响之间的区别是什么？”迪恩·卡尔兰和乔纳森·津曼（Jonathan Zinman）进行的两项研究就清楚地显示了这一点：一个是 2010 年在南非进行的研究，另一个是 2011 年在菲律宾进行的研究。两个研究都发现小额贷款通常会产生各种各样的影响，许多政策对话立刻被放大以关注对男性和女性的不同处理效应——关于这一点，研究中却鲜有论及。这并不是失败，因为一般的问题才是研究的目标。这里常见的错误是发生在分析中的检验异质性，即没有发现各组间存在显著的统计差异，然后
38 错误地得出没有异质性的结论，然而事实上是因为置信区间非常大，其正确的答案其实是“我们根本无法判断异质性”。

* * *

虽然根据异质性的一般规则，研究通常需要更大的样本，但一个值得注意的例外情况是干预措施对不同的人产生了相反的影响。举例说明，假设我们有一个（简单的）理论，认为女性花钱买的东西有利于她们的家庭，比如食品和药品，然而男性则较为笨拙，会把身上的每一分钱都用于酗酒和赌博。现在设想一个项目，全部使用现金来发放收入补助：如果发给女性，我们预期其家庭状况能得到改善，全家吃得更好，并保持健康；如果发给男性，则预期会出现相反的结果，丈夫陷入债务，并烟酒成瘾。然后，如果我们在男女混合的被试者群体中开展这样一个项目，并进行随机化控制实验，汇总分析的功效就相对较低：变得更好和更糟的结果会相互抵消，平均为负、零或正的功效就仅仅取决于研究中男性和女性的比例。在这种情况下，对于给定的样本大小，根据性别对异质影响进行的检验可能产生更大的功效。[幸运的是这只是一个假设的例子。这种特殊想法在实践中实际上更乐观：慈善机构“直接给钱”和 IPA 在肯尼亚进行了随机化控制实验，发现女性和男性都没有增加对酒精或烟草的支出，且不管钱是发给家庭中的女性还是男性，确实都有相似的处理效应（Haushofer and Shapiro，2013）。]

在功效和样本大小计算的技术方面，我们推荐读者参考雷切尔·葛兰纳斯特（Rachel Glennerster）和克哉·塔克法拉夏（Kudzai Takavarasha）的新书《随机化评估操作：实用指南》（*Running Ran-* 39 *domized Evaluations*：*A Practical Guide*）。当思考如何进行一场成功的实验时，我们回忆起给裁缝和木匠的明智建议：测量两次，去掉一次。在研究进行前要进行检查，以确保这些步骤确实已完成，否则就会冒学习艰难之风险。

【注释】

［1］参见 Karlan 和 Wood（2016）。

第三章

合作机构的挑战

箴言： 你需要有执行意愿和执行能力的伙伴。 40

研究者的许多研究结果可以直接帮助决策者、政府和组织决定如何设计项目和分配资源。有时这些研究需要在抽象的环境（比如实验室实验）下检验观点或理论，但是在研究人类行为以及试图给出公共政策建议时，实验室实验就远远不够了。这个领域中的大部分研究都着眼于当地的发展项目，因为这些项目会触及实地中的真正受益者。这通常意味着要与合作机构进行合作，包括非营利组织、民间组织以及提出和运行这些项目的政府单位。

为什么这些组织愿意与学者合作呢？合作不仅会增加它们的职责，还需要为此提供员工和资源。一个可能的原因是，在合作中学习到的东西对它们有益。如果合作进展顺利，评估结果能够证明其有效性和影响力，这可以应用到实践中，进一步拓展稀缺资源以惠 41

及更多的人，也可以吸引更多的资金来帮助更多的人。同时还能为它们提供运营操作上的建议，改进产品和服务过程。从研究者的角度来看，与实践者的合作能让他们接触到一线，接触到那些在实际生活中面临研究问题的人。这是很关键的，研究者可以从中知道最相关的问题以及适合最先问的问题，还能了解当地环境的微妙特征，即使是最深思熟虑的研究者也可能忽略这些特征。来自一线的经验还可以提供指导，让研究者知道应该在何时、何地对谁开展研究；考虑到语言和文化传统，该如何最好地进行调查；等等。

有限的灵活性和应变权限

合作伙伴间除了能够互惠互利外，还会带来特殊的挑战。合作机构的员工通常有扎实的专业知识，但实验章程往往需要改变他们熟悉的工作流程，例如，改变贷款申请的评估标准，或从客户处收集一些额外的数据。结果证明，任何对常规程序看似简单的调整，在执行中通常都是很困难的。有时，这些调整不仅有助于研究，对业务操作其实也是有益的。但操作行为还是难以改变，毕竟旧习难改。

* * *

2007 年的一项研究让人们开始注意到员工的灵活性和应变权限（bandwidth）非常有限。研究者迪恩·卡尔兰和塞德希尔·穆来纳森（Sendhil Mullainathan）与墨西哥东南部的金融机构 Caja Nacional del Sureste（CNS）合作设计了一种新的储蓄账户，鼓励收款人在收 42
到转账后将汇款中的一部分进行储蓄。该账户被称为“有保障的未来”（Tu Futuro Seguro，TFS），它的一系列特征都旨在消除人们不愿意储蓄的主要阻碍：

- **免费和简单的开户登记**——正常 5 美元的开户费被免除了，客户只需要一张联邦选举卡（反正接收汇款也要提供联邦选举卡）就可以登记开户；
- **TFS 储蓄承诺**——一个没有约束力的协议，客户可以选择一个默认的储蓄额，在他们收到每笔汇款后都进行定额储蓄；
- **TFS 储蓄手账**——一个专用的纸质小册子，能够记录所有的账户交易；
- **赠送的小磁贴**——为了提醒客户有这个特殊的账户，向所有客户（不管他们是否开设了这个专门账户）赠送冰箱磁贴，冰箱磁贴上可以粘贴家人的照片。

在向全国推广之前，他们在四个分行进行了随机化控制实验以检验 TFS。每当有人来到其中的一个分行取汇款时，专用的软件就会自动在该银行职员的计算机上运行，随机地将该客户分配到实验组或控制组。对于被分配到实验组的客户，银行职员就会向其解释 TFS，并邀请他们开设 TFS 账户。对于那些被分配到控制组的客户，职员既不告诉他们 TFS 账户，也不会邀请他们开户。

对于那些开立了 TFS 账户的客户，未来收到任何一笔汇款时，

银行职员都要按实验章程进行口头提醒：“依照您的 TFS 储蓄承诺，
这次汇款中的 X 美元将被转移到您的 TFS 账户。您想提高您承诺的
储蓄额度吗？”最终由客户做决定。储蓄承诺是不具有约束力的，所
以客户可以选择将汇款中的任何一部分转移到储蓄账户中，可以是
43 全部、0 或任意金额。关键的一点是，这是一个**默认参加**（default-in）
政策：除非客户明确做出其他选择，否则会按照 TFS 账户开户时储
蓄承诺中规定的金额进行储蓄。

为了让银行工作人员熟悉一系列新的流程（从随机化软件到介绍 TFS 账户、开户以及 TFS 账户的操作），在实验开始前，研究小组在 4 个分行对其工作人员进行了至少两次的培训课程。他们还交错排列了各个分行开始实施项目的日期，以便研究助理亲自监督每个分行在第一个星期的表现。一切就绪后，他们开始进行实验。

尽管进行了培训和监督，最终还是出现了问题。一些银行职员改变了规定的实验章程或完全忽略了它。他们没有对 TFS 客户说“依照您的储蓄承诺，这次汇款中的 X 美元将被转移到您的 TFS 账户”，相反，他们可能说的是：“您是否愿意把这次汇款中的一部分钱转移到 TFS 账户中去呢？”虽然这种提问方式的变动很小，但它使客户处于**默认不参加**（default-out）的情景——除非客户要求，否则就不转移他们的汇款——这可能对他们的储蓄选择产生很大影响。更糟糕的是，如果银行职员很繁忙，许多职员根本就没有问客户是否想转移资金到储蓄账户。

银行职员为什么会这样做呢？有些职员可能是没意识到按实验

章程逐字念出储蓄问题以保持客户**默认参加**的立场的重要性。虽然
培训中提到了这一点，甚至实践模拟了客户与银行职员的互动，但
是在实践中会出现很多新的情况。在事后的采访中，一些银行职员
承认他们确实偏离了实验章程，因为这与他们的主要工作（尽可能
快速高效地为客户服务）发生了冲突。事实证明，安抚排着长队的
客户或应付暴躁的客户有时比严格遵守实验章程更为重要。研究助
理发现一位银行职员在接待客户时跳过了一些调查问题，并将他叫 44
到了一边。银行职员解释说：“这是一位土著女人，西班牙语说得不
是很好，她还要照顾她的婴儿。她实在很匆忙。念完储蓄的实验章
程后，我实在不想再耽误她过多的时间了。”谁能责怪他呢？有许多
种办法让客户“默认参加”而不是“默认不参加”，但这显然不是一
个好方法。

* * *

不管被检验的干预措施是全新设计的还是对现有项目的一种变形，研究几乎总是意味着给合作伙伴带来额外的工作量。除了提供干预措施本身，还必须追踪被试者、审查并录入数据以及管理一线人员。合作机构中是否有在职人员没有满负荷工作，从而能够负责这项工作呢？如果没有，他们是准备为了完成研究而减少或重新分配参与人员的其他工作吗？

在第七章中我们将看到这样一个案例：研究者与加纳小额信贷银行合作检验客户对一系列利率的反应。研究使用了一个全新的个

人贷款产品，它的申请程序比团体贷款更复杂，虽然团体贷款构成了银行的大部分业务。参与研究的信贷员都是经验丰富的申请审核员，而且他们也尽了全力。然而，大多数信贷员已经处理了三百多个团体贷款的客户，因而在不减少他们手上的其他工作的情况下，他们能做的非常有限。所以申请新贷款的人通常都要等待超过一个月的时间才能获得批准，结果证明对客户而言，拖延比利率的影响更大，虽然利率才是研究的焦点。

未能学到新的和不同的技能

45 参与研究的合作机构几乎总是要对常规流程做一些更改，比如让银行职员提示 TFS 储蓄承诺。有时研究者要求员工去做与过去工作截然不同的任务，而且并非他们的本职工作。这就提出了一个问题：员工的能力、学习新技能和参与工作流程的意愿是否符合研究需要？在第六章中我们将看到一个案例：秘鲁的一个小额信贷银行把它的基本信贷产品与金融知识培训捆绑在一起，这项服务也许可以帮助客户偿还贷款（不管怎样这也是客户希望的）。为了最小化额外的员工成本和最小化占用客户的时间，他们任命信贷员担任培训者，在一年的执行过程中，让信贷员在每周的还款会议上开展培训课程。这似乎是一个有效的解决方案，直到他们发现并不是所有的信贷员都是好的培训者为止。

同样，在第十一章中我们将讨论这样一个案例：印度的小额信贷公司与保险公司合作，将基本健康保险保单与它们的贷款捆绑在一起。同样是信贷员承担了主要的执行工作：向借款人描述和推销该保单，帮助人们完成前期的文书，比如登记和索赔表单。信贷员的表现同样令人失望。结果证明很多优秀的信贷员却是糟糕的保险代理人。

相互矛盾的优先级和缺乏认同

TFS 和刚刚描述的案例（我们将在后面继续讨论）只是少数几
个使人沮丧的常见案例：虽然合作机构对评估充满热情；它们与研 46
究者合作调查既有研究价值又有实用价值的问题；他们共同设计了干预措施和实验，试图以实际经验为基础回答这个问题；他们分配并培训员工，研究者通常直接监督员工；但是在执行时还是出了问题。问题出在哪里呢？

作为研究者，我们不仅理解研究的动机，而且能看到并且很关心完成它的潜在收益，对于我们参与构思的这个计划，我们对其进行了投资，并且拥有它。也许合作机构的关键领导人也是如此。但许多产品、项目或计划都会分散合作伙伴的注意力，这项研究性学习只是他们众多项目中的一个。事实上，一项研究本身可能就包含相互矛盾的优先级。假设我们正在评估一个全新的产品。作为研究者，我们希望顺利完成检验并进一步挖掘数据。如果推出的产品获得了成功，我们可以学到一些东西；如果它不成功，我们也能学习到不同的东西。但是合作伙伴不想推行失败的产品（我们也可以理解）。如果有机会调整一个失败的产品，在某种程度上使它更吸引客户，但是会使实验无效，合作伙伴会如何选择呢？收集严格的证据是有价值的，无论对合作伙伴的业务操作，还是对一般的实地研究；但它比为人们提供合意的产品和服务更重要吗？人们希望不存在这种矛盾取舍，但是如果存在，它足以破坏一项评估。（提示：这个案例的关键经验是要进行试点！）

从管理层到基层人员，每个层级的员工都存在这种焦虑。研究性学习对于一线员工（墨西哥的银行职员、秘鲁的信贷员或马拉维农村的护士）的意义是什么呢？这是一项额外的工作，通常是为了
47 帮助研究者进行“他们的研究”而被安排的“特殊项目”。这不是你核心工作的一部分，而且你也许不是自愿参加的。你可能没有为此得到任何额外的补偿。（研究已经证明这是显而易见的：支付报酬让员工遵守实验章程，这确实是有用的！虽然最优的情况是遵守实验章程实际上有助于员工把工作做得更好。）你被要求参加培训，去学习你将要做的所有新东西。同时，你依然要做好本职工作，继续服从主管的命令——但现在有一个研究助理会偶尔加入进来（他可能比你小几岁，也可能刚回国工作），这个研究助理会突然评价你的工作。如果你的新工作和旧工作之间产生了矛盾，比如在 TFS 研究中发生在银行职员身上的情况，你可能朝身后瞟一眼，看你的上司

或研究助理是否在监督你，然后再做出最合适的判断。

如果对于刚入职的员工来说，这会让他陷入混乱，那么对于中层管理者而言，困难有多大呢？一项研究需要执行新的工作流程，并实施新的标准。同样，这些通常是额外任务，而不是取代现有工作，比如努力完成销售任务或管理贷款资产组合。也许（我们希望）上级领导解释过或说过研究背后的基本原理，但是在达成这个项目的过程中你并没有起作用，关于实施的可行性也没有人咨询你的建议。如何把研究结果应用于实践，你可能也没有发言权。研究助理大多比你年轻，经验也比你少，然而却有机会接触到高级管理层。

当研究者与合作机构合作并深入了解它的组织结构时，能否让行政管理系统上上下下都认同这个研究项目，可能是项目成败的关键。这也许意味着，应该用一些具体的方法把研究需求制度 48
化——把研究活动融入员工的绩效考核中或给予激励让员工充分参与。当然，这需要与合作伙伴的各级管理部门建立友好关系。形成共识是非常棘手的工作，但它是至关重要的。

把头埋进沙子里

假设所有人都达成了共识，计划的工作也认真完成了。合作机构完全投入进来，研究成功开展且进展顺利，研究团队开始不断获得数据。当然，直到研究正式结束后才能得到最终的结果，但是在许多案例中，研究团队和合作伙伴都会通过中期数据或实地中的直接经验对结果进行预判。

在理想情况下，瞥见终点线是令人振奋的，能够鼓励大家坚持到底。但是如果可能的答案不是研究者希望的或预期的——比如，中期数据显示被研究的干预措施没有影响——结果会怎样呢？合作伙伴可能会变得沮丧，并不再付出必要的努力以推动项目完成。在这种情况下，各种意想不到的实际问题都会出现，这是很常见的。突然之间，员工不再有时间做与项目相关的工作，经理推迟或取消与研究者的会议，等等。

从合作机构的角度来看，放弃也许是对不断变化的环境的理性应对：如果我们现在知道了答案（有一些信心），为什么还要继续将人力和物力投入到研究中呢？底线调查①、审查和其余步骤对学术研究都至关重要，但对合作机构可能并不重要。它们也许更愿意分析研究（可能的）结果对资产或业务操作的影响或者仅仅想要尝试新事物。

49 当中期数据显示的结果是影响较小的或没有影响时，合作伙伴可能会觉得研究者给他们帮了倒忙。这很有可能，尤其是当他们充满自信地评估该项目的影响时（正如许多实践者遇到的一样）。合作伙伴也许曾希望研究成果能支持他们的工作，提高他们的地位；相

① 干预措施被执行后进行的相应调查被称为底线调查（endline）。——译者注

反，他们现在面临的结果可能会给他们的项目带来问题。他们可能会简单地将研究结果归结为研究是有缺陷的，而不是质疑他们最初的信心。我们希望与合作伙伴深入探讨这些困难，并且在项目开始时形成合理预期，但他们可能急于结束这个项目，继续开展下一项工作。

这里最重要的经验教训是仔细选择。寻找真正想要了解研究者的项目和产品的合作伙伴；他们准备好了，有意愿并且有能力为研究提供所需的人力和物力；他们能够接受不尽如人意的结果。

* * *

除了记住这个建议外，还要注意一点：想要参与研究的这个组织具有一般性吗？能够代表所有同类的组织吗？纽约大学的亨特·阿尔科特（Hunt Allcott）为了解决这个问题，于 2015 年在美国开展了一项与节能有关的活动。他与公用事业公司欧宝[①]（Opower）开展了一个名为家庭能源报告（Home Energy Reports）的节能项目：为每位客户定制报告并寄给客户，对比其与邻居的能源使用情况并给出节能建议。在项目初期，有 10 家公用事业公司检验了该项目，并且被最初的结果鼓励，这些公用事业公司和其他 48 家公司决定扩大这个项目的范围，新增 101 个地区。阿尔科特对比了最早的 10 个随机化控制实验与这些扩张地区的实验结果，并研究它们是否一致。

① 欧宝是从事家庭能源数据分析的公司。——译者注

结果发现它们不一致。在 10 个试点地区观察到的影响明显大于扩张 50
地区的影响。这个向上的偏误带来的经济影响是非常大的：他们用最早的 10 个试点地区来预测全国范围的节能影响，结果整整高估了 5 亿美元。

欧宝公司并没有意识到，它最初是在相对有利的环境设置中检验该项目的，这些试点地区并不能代表整个国家。阿尔科特发现有三个方面的原因导致了这种结果。第一，初期试点中的公用事业公司针对的是那些有很大提升空间的家庭，它们的能源使用率普遍较高。第二，在初期试点地区中居住了较多的环保人士和高收入家庭，这些地区更有可能响应节能项目。第三，那些追逐利润的公用事业公司不太可能参与初期试点，而它们在执行节能项目时往往效率很低。

与欧宝案例中的这些特殊要素相比，它的一般结果对我们更为重要：在选择合作伙伴的过程中一定要注意，不要认为第一个研究结果（甚至是一些少量的复制）能够很容易被实施并推广到更广泛的人群中。如果这项研究的目的是独立的（例如概念验证——一项能够起作用的特定干预措施），这也许就不是问题，但是如果考虑将它进行规模化的推广，这就是很重要的问题。最努力参与研究的机构可能有能力很强或有远见的领导，或是具备其他特征使得它们能比一般的执行者更加成功。

第四章

调查和度量的执行问题

箴言： 要仔细地收集数据。 51

有一句古老的格言说家务管理是项吃力不讨好的任务，平时总是被人们忽视，只有在做得不好时才被人们注意到。相同的道理也适用于实地研究中的调查和度量。当研究者很好地完成了调查和度量时，数据收集就像一扇观察世界的干净窗户：清澈透明，窗外的景象既不模糊，也没有被扭曲。（就像我们在“技术设计缺陷”这一章中所看到的，这虽然非常理想，但几乎不切实际。）数据收集是为了获取足够细致且准确的信息，从而使研究者能够对假设进行无偏检验。数据是一种达成目标的手段。

随便看一眼典型的期刊文章就能证实这一点。一方面，研究者基于以往的研究形成了理论，并以这些研究作为理论背景，再一行一行地推导方程，并解释模型。另一方面，即使文章提到了数据收集方法和相关过程的细节，也仅是在实验设计部分做简单介绍而已。通常而言，它们最终会被放在脚注或在线附录中，有时甚至完全没有被提及。

52 这是有问题的。通常而言，理论值得我们进行更多的讨论，因为与数据收集的机制相反，理论通常是创新的，文章的创新部分往往被作者强调。但毫无疑问的是：检验理论的实地研究需要如它的数据一样有说服力。并且，正如任何发展中的实地研究者将证明的一样，收集细致且准确的数据是一项艰巨的任务。

我们在本书中讨论的研究，以及发展中的随机化控制实验的大部分研究，其数据来源主要有以下三个。第一，也是最常见的，调查员会向受访者提问并记录回答。通常是面对面的采访，但有时也通过电话或文本消息。有时他们也会度量关键的健康变量，比如身高和体重等。第二，可以使用来自第三方的数据，如政府的投票记录、信用咨询公司的报告或气象站的降雨数据。第三，合作机构的行政管理记录也能提供一些有用信息，如卫生服务的销售额，培训课程的参与情况，或银行账户余额、取款和存款日期以及金额。

通过第一个数据来源（面对面的调查）收集数据往往是实地研究中最耗费时间和人力的部分。这也是失败的温床，其中有许多导致错误的可能。

第四章

调查和度量的执行问题

调查本身的失败

直到最近，发展研究中的大多数实地调查仍以传统的方式进行，用纸和笔在写字夹板上做记录。这是很常见的调查方式，比如对 2 000 个调查对象做 30 页的调查问卷。这意味着要持有大量的纸质材料。许多货架和房间中都堆满了纸质问卷。纸质材料容易受到许多因素的影响。从调查员到办公室工作人员，再到数据录入人员，这些纸质材料必须保持严格的排列顺序并被捆绑成堆，以避免混淆。
在调查和数据录入（调查数据数字化）的过程中，简单的工作失误 53
就足以破坏一项研究。

当一个人试图把所有纸质材料整理妥当时，他还要处理字迹辨认的问题。调查员经常在艰苦的环境中进行调查：在一个繁忙的市场，当一个产品销售员卖东西时站在他身边；在漏雨的雨篷下，坐在摇摇晃晃的塑料椅子上。这都会导致笔迹难以辨认，还有墨水污迹。在这种情况下，雇用一个督查团队看似是最好的选择，它的工作是检查这个即将开展的调查的一致性、完整性和易读性，并且一旦发现调查员出错就立刻指出。

除了以上这些艰难（尽管很平凡）的挑战外，过去五年里还出现了一个巨大的转变：从纸笔调查转变为电子数据收集，在面对面的调查中调查员使用笔记本电脑、掌上电脑（PDAs）甚至智能手机记录受访者的回答。这种方式有一些优点，但也存在风险。首先，需要支持电子设备运行的电源，这在发展中国家的农村地区通常是一个挑战。其次，它还使研究者增加了调查本身的复杂性，这可能是一个潘多拉的盒子。

* * *

下面给出一个早期使用笔记本电脑进行这类调查的案例。在南非进行的一项研究中，研究者试图度量人们收到小型贷款的影响(有点像小额贷款，虽然是针对领取薪水的个人，而不是针对小微企业)。加州大学伯克利分校的利亚·费纳尔德（Lia Fernald）和丽塔·哈马德（Rita Hamad)、迪恩·卡尔兰和达特茅斯学院的乔纳森·津曼想知道人们获得贷款对心理健康的影响，他们计划从两个方面分别提问。但他们不确定顺序：在调查中，他们应该先询问受
54 访者过去的借贷情况（因此包括还款和违约，这可能勾起他们沉重的回忆)，还是先询问受访者的心理健康问题呢？他们担心勾起受访者沉重的回忆后，可能会影响他们对心理健康问题的回答。

为了证实这个担忧，他们做了一个小测试。他们决定随机安排是先问心理健康问题，还是先问过去的借贷问题。因为这项调查是电脑化的，这是（或者至少看起来是）很简单的，只需添加一行代码去随机化两个模块的出现顺序。

不幸的是，调查软件出了问题。当心理健康模块应该出现在第二部分时，它却被完全跳过了。直到为时已晚，才有人发现这个错

误：此时已经完成了大部分的调查。因此，最终只有一半的调查对象回答了心理健康问题。一方面，这意味着他们无法检验上述方法论的假设——两个模块的顺序可能会影响回答。另一方面，这也削弱了该研究中心理健康部分的统计效力，因为他们现在只有一半的数据！从好的方面来看，因为它是随机实验的一半，分析仍然是内部有效的；他们也确实发现了重要且统计上显著的结果。但是，如果他们获得了完整的样本量，结果可能会更加稳健，并且他们能够更深入地挖掘样本信息，例如进行异质性检验。

这里学到的简单的经验教训是：调查中的复杂设计具有好的一面，但是要小心，不要做超出可行标准的过度设计。

调查员的错误行为

即使用了笔记本电脑、平板电脑、PDAs 和其他高科技工具，调
查仍然是一个人工的过程。特别是在语言、识字水平和技术熟悉度 55
不同的调查环境中，受访者很少直接操作机器。调查员通常与受访者坐在一起，调查员大声地读出问题，并记录受访者的答案。

因为要使用高科技工具，而非纸和笔，毫无疑问这有利有弊。优点是：调查员可以在必要时随机应变、解释并解决问题。如果受访者不理解一个问题，或者如果一个答案选项容易让他误解，调查员就可以向他解释。在调查员注意力分散的情况下，受访者还可以

一直参与调查（有时持续几个小时），甚至他们还能处理临时的工作或家务。高效的调查员还能与受访者建立亲密的关系，鼓励受访者打开心扉，分享更多。

缺点是：调查员**任何时候**都可以随机应变、解释和解决问题。调查员会匆忙做出细微的选择，而这将显著影响受访者的答案，虽然有时是故意的，但通常是无意的——例如，改变问题的措辞，提示特定的答案，或问了引导性问题。在最乐观的情况下，这些都是调查员在追求精确数据时犯的诚实（且随机）的错误，但有时他们是故意的。调查员可能猜测某些答案会让受访者更愿意接受调查，或某些答案将引起额外的问题并因此带来更多的工作。事实上，许多失败可以归咎于一个简单的（且非常令人沮丧的）原因——调查员希望避免工作。下面的故事就是一个例子。

2013 年春，斯坦福大学的帕斯卡利娜·迪帕（Pascaline Dupas）、迪恩·卡尔兰、加州大学圣克鲁兹分校的乔纳森·鲁宾逊（Jonathan Robinson）和博科尼大学的迭戈·乌布法（Diego Ubfal）在马拉维
56 研究储蓄的影响，这项研究已经快完成了。基线调查[1]和干预措施都已经完成了，6 个调查团队（每个调查团队中有 6 个调查员）被分别送到实地进行底线调查。研究者给每个调查员一张受访者的名单，并指导他们进行最后的调查。

① 干预措施被执行前进行的调查被称为基线调查，亦可翻译为基准调查、基础调查。对应地，干预措施被执行后进行的相应调查被称为底线调查。——译者注

底线调查需要完成一张很长的调查表，总共需要三个小时，各个模块覆盖不同的主题，从金融知识培训项目到农业投入。研究者还在数据收集过程中设置了多种督查措施：团队领导陪同调查员前往实地，并且监督访问过程；督导员审查填写好的纸质问卷的完整性、一致性和易读性；审查员在已完成的调查中随机抽取10%重新调查，以检验调查的准确度。

研究者雷切尔·利文森（Rachel Levenson）在实地调查中注意到了一些奇怪的现象，所以进行审查式的重新调查。她和受访者坐在一起，此时她刚好能看到一个邻近的家庭，该家庭也是项目的受访者。碰巧一个调查员刚到那里进行底线调查，我们暂且把他称为调查员X。雷切尔一边进行重新调查，一边看着调查员X与他的受访者坐下来，他拿出调查笔记本和笔开始进行访问。大约45分钟后，他似乎完全结束了与受访者的交谈，但是继续在他的笔记本上进行记录。一段时间后，他收拾好东西，与受访者握手，然后离开了——所用时间远远少于之前预期的三个小时。

在调查员X离开后不久，雷切尔看到他并问他发生了什么事。他说，受访者需要缩短调查去探望住院的亲戚，但他很自信没有必要回访。“别担心，”他说，“我们已经得到了我们需要的所有信息。”雷切尔暂且相信他。当天晚些时候，另一个督导员看到调查员X独自坐在小镇巴士停车场的长椅上。他正在调查笔记本上奋笔疾书。 57
当督导员走过来时，调查员X迅速合上了笔记本。他坚持说他“只是在检查”一项过去完成的调查。督导员表示他很乐意提供帮助。

但尽管他多次请求，调查员 X 始终拒绝打开他的笔记本，并且生气地离开了。

调查员 X 的行为让雷切尔觉得他在某种程度上伪造调查。他们回访调查员 X 的许多受访者，并对他加强了审查，询问受访者他是否问了所有他应该问的问题，以及他是否如实记录了受访者的回答。答案是令人惊异且令人沮丧的“没有”。调查员 X 的调查中只有 36％是圆满完成的。其余都有缺漏：有时只是少数几个问题，有时是很多问题。根据最终审查结果，很明显，调查员 X 在采访受访者时经常跳过调查的某些部分，并在事后编造答案来进行掩盖。

这意味着研究团队不得不绕些弯路并付出一些代价：从头到尾复查调查员 X 的工作，然后努力挽救调查，在可能的情况下重新调查某些特定的模块，在另一些情况下则需要重新进行三个小时的采访；当重新调查不可行时，则要抛弃少数样本的数据。解雇调查员 X 本身也是一件费劲的事。当研究者把调查结果放到调查员 X 面前并解雇他时，调查员 X 断然否认自己有任何不当的行为，他指责研究者存在一系列过错，并威胁要起诉研究者。(进一步的调查发现调查员 X 的指控都是虚构的，当然，他并没有提起诉讼。) 在解雇调查员 X 后，研究团队暂停了实地活动，把整个调查团队集合在一起进行了一整天的审查和训练，再次强调一定要从头到尾跟踪调查，以确保每一个问题都要问到。

58 得到的经验教训是：建立稳健的持续监督和审查机制。在这个过程中最重要的是**一直**睁大眼睛。如果事情看起来可疑，在提出指控前就应该迅速调查。当你确信你已经发现了一个问题，就应该把它消灭在萌芽状态。你需要让研究团队知道你意识到在实地中发生了什么，并能够及时进行应对。

无法追踪调查对象

即使调查员忠实地履行职责，成功也很难得到保证。调查对象本身也常常带来阻碍。

仅仅连续多年跟踪调查对象的身份就是一个普遍的挑战。在发达国家很少会出现这种情况，因为发达国家有可靠且普及的个人 ID，如社会安全号码和驾照。但发展中国家的研究者能利用的资源往往很少。假设你正在研究一项季节性农业干预措施，基线调查和底线调查之间整整间隔一年时间。在基线调查中，你或许记录了调查对象的姓和名（注意拼写可能差别很大）[1]、一些个人信息（如年龄、受教育程度）以及家庭的一些特征（如家庭地址、家庭人口数、所种植农作物）。在进行底线调查时，这是否足够让你确定你采访的这个人和去年是同一个人呢？同样，这里可能也存在诚实的错误和有意的欺瞒。

我们将在第八章看到一个关于后者的例子——对乌干达青年储蓄项目的检验。一些调查模块旨在引出调查对象的偏好，由研究者提供资金，让调查对象用少量的现金（1～2 美元）现场做游戏。研

究者只是遵循最佳的实践方法：人们普遍相信[2]与用虚构的货币来
59 问假设的问题相比，用真实的货币进行游戏能产生更准确的数据。然而，最终发现使用现金弊大于利。一旦告诉调查对象他们将得到现金补偿，调查名单中不包含的其他年轻人也开始冒充调查对象，希望骗到几美元。

度量工具的问题

正如前面所提到的，实地中最常见的数据收集方法是调查，但它并不是唯一的方法。为了避免上面提到的那些失败，研究者有时更喜欢使用度量工具直接获取数据，而不是问问题。这些工具的潜在优点很吸引人：因为麻烦的人为步骤使我们难以得到细致且准确的数据，而度量工具能减少许多人为步骤。例如，让人们站在体重秤上会比口头问他们自己的体重更好。

度量工具的问题是，它们并不总是如宣传的那样起作用。同样是测量体重，体重秤就可能量错。一般的规则是，越复杂的工具，就有越多的方式可能导致失败。

* * *

佩拉德尼亚大学的研究者苏雷什·德·梅尔（Suresh de Mel）、哥德堡大学的达米卡·赫拉特（Dhammika Herath）以及世界银行的戴维·麦肯齐和尤拉杰·帕塔克（Yuvraj Pathak）准备对斯里兰卡的小微企业开展研究。在他们的研究计划中，需要定期收集小型零售企业的库存数据，用以衡量销售（以及最终利润）。因为他们样本中的大多数企业都存有几十种不同的产品，企业很少做正式记录，所以跟踪库存似乎要涉及大量的手工计算。一个典型的做法是 60
派研究助理到每个企业中去，比如一周一次，让他们一个一个地核查库存。

研究者想到了另一种方法：无线射频识别（radio frequency identification，RFID）技术。使用这种技术，给每种产品（如一块肥皂）都贴上一个小标签，标签内含一个可扫描的芯片。不同于条形码(必须是可见的才能读取)，RFID 标签可以从几英尺①远的地方被扫描，且不需要被直接看到。通过这种方法，理论上无须烦琐的过程就可以完成盘点，而不用单独点算每种产品的库存。研究助理仅需去企业对准货架上的扫描仪，就能立即获取所有数据。

在决定将 RFID 技术应用于整个研究之前，研究者明智地做了一个试点。他们在样本中选择了 20 个典型的小微企业，给库存加上标签并进行扫描。如预期的那样，他们发现操作存在缺陷：生成 RFID 标签的打印机很沉，在企业间来回搬动打印机不切实际；每个企业的扫描工作都花费了 30 分钟，远远超过了预期用时；并且每个标签花费 0.22 美元，相对于出售的商品（如一块肥皂）而言这是

① 1 英尺＝0.304 8 米。

很昂贵的。

尽管花费的时间和成本都超过了预期，但最大的问题在于数据
的准确性。RFID 能产生比其他方法更可靠的库存数据吗？为了回答
这个问题，研究者对比了 RFID 扫描与另外两个查验库存数量的方
法：第一个是手工计算（这被认为是保证准确度的“黄金准则”）；
第二个是询问企业负责人。总之，答案是“否”。在整个试点中，扫
描仪只成功盘点了 25%的产品。但也获得了一些关于具体操作的经
61 验教训：扫描鞋子较容易；扫描新鲜水果则较为困难。但总体结果
是复杂且令人失望的。扫描仪在不同时间和不同店铺间的有效性各
不相同。

对比结果证明了传统调查方法能很好地衡量库存水平。平均而言，企业负责人的估计量约为手工统计总数的 99%。也许更令人印象深刻的是传统调查方法的精确度：逐项产品来看，对企业负责人的调查结果显示，他们统计结果的一半为手工统计总数的 91%～104%。简单的问卷调查法击败了高科技方法，这一点并不奇怪，研究者决定在正式研究中放弃使用 RFID 技术。

【注释】

［1］以加纳为例，人们通常有两个不同的名字，一个“基督教”教名和一个“当地的”的名字。当地最常见的起名方式是根据星期几。例如，出生在周一的男孩就会起名 Kojo（或 Kujo、Cujo、Cudjoe、Kwodwo 等）。一个人可能会使用基督教教名或当地的名字（或同时使用两个），不同的官方文

件也可能有不同的变形。再加上少数几个在当地十分常见的姓氏，很显然名字是一个不可靠的识别符号。

[2] Camerer 等（1999）与 Harrison 和 Rutström（2008）给出了两个与之相关的总结。

第五章

较低的参与率

62 **箴言：**你必须把项目执行者预测的参与率降低一半，甚至更多。

我们认为自己是乐观主义者，但我们得到的两个经验教训是：事情很少会如人们预测的那样进行；拉姆斯菲尔德（Rumsfeld）的“不知之不知”（unknown unknows）通常导致更少的（而不是更多的）成功。这些经验教训对我们进行随机化控制实验有简单的启示：参与率（符合条件的群体或者目标人群中有多大比例的人实际参与了该项目，也被称为“接受程度”）很可能低于预期。较低的参与率不仅压缩了检验的有效样本的大小，而且很难在统计上识别正的处理效应。在两个阶段可能出现较低的参与率：在开展研究或实施干预措施的招募过程中，或在随机分配到实验组或控制组之后。

在招募期间较低的参与度

第一种类型的低参与度：研究者向公众推广一个项目时，在招募过程中常常出现较低的参与度。研究计划可能是这样的：首先广 63
泛推广该项目，然后将那些自愿前来参加的人随机分配到实验组或对照组。但是，也许前来参加实验的人远远低于预期。也可能许多人来报名，但大多数人不符合研究计划中对参与者的要求。无论是因为哪种原因，研究者都要面对研究对象不足的问题。

* * *

这个例子发生在 2009 年，圣安德烈斯大学的研究者塞巴斯蒂安·加利亚尼（Sebastian Galiani）和马丁·罗西（Martin Rossi）与当地的信息技术研究实验室 LIFIA 合作，对接受高等教育的学生的新培训计划进行评估。作为随机化控制实验，这其实只是一个简单的设置。研究者告诉 LIFIA 他们需要找到 90 个有意愿且有能力的学生，并随机分配一半学生接受培训，另一半不接受培训。在这个案例中，“有意愿且有能力的”可以归结为以下几个标准。要参加这项研究，参与者必须：（1）介于 17～24 岁；（2）住在拉普拉塔大学的通勤距离范围内，因为培训将在拉普拉塔大学进行；（3）中学毕业或正在读中学的最后一年；（4）尚没有进入高等教育机构学习；（5）通过了项目的资格考试，证明他们足以应对接下来的课程内容。

研究者在拉普拉塔大学校园内外张贴公开的招募传单，邀请人们参加资格考试并简要解释了培训课程和其他入选标准。计划开始进行，在通过考试的学生中（如果人数超过 90 个，就在全部有资格参与后续实验的学生中随机选择）挑选 90 个，然后让他们参与 4 个月的培训课程。培训从 8 月开始，与开学时间同步。

当来参加测试的人数超过 90 时，研究者感到很高兴。但当看到
64 分数时，他们就没那么高兴了：只有一小部分学生的分数达到要求。他们没有因此受阻，他们发放更多的传单并安排了第二次考试。当考试房间再次坐满时，研究者又很高兴；但结果发现仍然没有达到 90 人的目标，他们再一次感到失望。他们设法在开学前安排了第三次考试，但合格人数依然不够。

若参与者少于 90 名，研究结果将效力不足——可能无法检测到研究者希望看到的量级影响。如果使用较小的样本继续研究，研究者首先需要说服自己相信培训产生的影响可能大于他们最初的预期。但他们认为没有理由改变他们的预期，因此放弃了研究。

* * *

世界各地大学的社会科学实验室里的研究者都遇到过同样的挑战，但他们有一个明显优势。当他们在校园里张贴传单宣传实验但招募不到足够的志愿者时，他们有一些简单的解决方法：发放更多

的传单，加倍宣传！要额外花费一到两个星期的时间才能招募到更多的参与者。也许为了吸引更多的人，他们会增加承诺的补偿报酬。

在实地中与合作机构合作的研究者在应对招募期间较低的参与度时面临的约束条件常常是不灵活的。也许检验项目或服务的责任不属于研究者，而是属于合作机构，但合作机构不能简单地“使之更具吸引力”，因为那将是没有用的。也许增加参与者报酬的额外成本不被批准。也许因为某些合理的原因使得合格标准不能被降低以防止接受更多的报名者。例如在阿根廷，也许资格考试很难，因为 65
培训本身就很难，在这种情况下降低及格分数只会招募到可能导致项目失败的不合格学生。有时这些问题可以解决，有时则不能。

随机分配后的较低参与度

第二种类型的低参与度发生在被试者被随机分配到控制组和实验组之后，这是更令人气馁的问题，比招募阶段的较低参与度更难解决。此时样本框架已经确立，实验组和控制组都建立好了，甚至基线调查可能已经完成，项目和评估也都在进行中。所有这些工作进行的同时都伴随着不幸的乐观预期，但最终参与的人少于预期。

这是一种常见的情况。研究者与小额信贷机构合作研究信贷如何随着时间的推移改变整个社区：社区中的人开始做不同类型的工作了吗？他们的收入与以前不同吗？为了设计实验，研究者与小额信贷机构会竭尽所能地对如下方面做出评估：(1) 平均而言，在所有可能贷款的居民中真正进行贷款的居民比例；(2) 这些贷款对研究者关心的结果（例如收入）有多大影响。基于这些估计，研究者计算出一个适当的样本大小，比如 250 个社区。接下来，他们从 250 个符合条件的村庄中随机选择 125 个村庄在未来两年中进行实验（实验组）；同时他们承诺远离其余村庄（控制组）。然后贷款机构进入实验组的村庄开展工作，积极营销贷款，并远离控制组的村庄。但是，在实验组的村庄，来借款的人远远少于他们最初的估计。

66 在 250 个村庄中有许多借款者（实验组村庄）和许多非借款者（在实验组**和**控制组的村庄），但我们不能直接比较他们。这样做会破坏整个随机化控制实验，因为其中存在选择偏误——由于借贷是一种选择，那些**选择**借贷的人可能在实质上明显不同于那些**选择**不进行借贷的人。无论如何，个体层面的比较可能不是重点，因为这类研究项目常常强调它们对社区层面的影响。因此，相较于整个实验组村庄与整个控制组村庄，研究者决定在村庄层面进行研究设计。从这个优势来看，非借款者仅仅稀释了对实验组的处理影响。（也许村庄层面的彻底转变更容易观察，比如符合条件的居民中有 80% 申请贷款，这与只有 20% 的人申请贷款形成了鲜明的对比。）在其他条件相同时，集中程度较低的实验组就需要更大的样本。在实验后期，项目已经开始进行，尤其在基线调查完成后，扩大样本是一个复杂的问题。这不是不可能，但必须有足够可用的资源（更多的调查！），合作组织必须愿意并且能够走出去找到更多符合条件的村庄，时间

期限必须足够灵活，以便允许项目暂停以增加新的村庄等。

有时候很多人报名参加研究项目，但研究仍然可能失败：在整个项目执行过程中都可能出现较低的参与度，因为执行者要不停地应对新的任务和工作程序。在第七章中，我们将看到加纳的一个小额信贷银行推出了一个新的贷款产品，这也是研究的一部分。初期需要的客户量必须达到研究者在样本量计算中需要使用的估计量。尽管申请数量很多，但审查过程中出现了灾难性的问题。许多客户在得到回复之前就沮丧地撤销了贷款请求。最终银行放出的贷款很 67
少——完全不足以进行有意义的分析。

最后一点：无论研究过程进展到哪一步，实验目标人群中的较低参与度都可能意味着干预措施仅产生了较小的影响。如果在这些目标人群中只有非常少的人参与了项目或接受了服务，那么你无须做专门的研究和调查也能够判断它并没有影响整体的目标人群。在刚刚提到的贷款申请问题中，也许研究项目的核心理念仍然是可行的，但是执行和实施得不够好；也许研究项目的核心理念本身就不够好。不管怎样，没有足够的参与度就意味着没有产生影响。

过度自信和轻信

为什么这个问题会发生呢？为什么负责执行的合作机构总是高估客户对它们服务的需求水平呢？那些执行自己项目的人肯定能比

局外人更好地预测参与率。然而，这仅是我们作为研究者的经验。

从行为心理学的角度看，人们对他们能够控制的事情（实际上更确切地说，是他们**认为**他们能够控制的事情）总是感到乐观。作为研究者，在设计被检验的干预措施和执行方式时，我们通常很有发言权；设计完成后，这个项目看似如此简单，好像只需按部就班地开展项目，就可以等着人们踊跃报名。（我们经常低估各种各样的外部因素，但只有解决了这些因素后，项目才能顺利开展。）这种乐观是一种普遍的认知偏误[1]，它让我们经常高估人们参与我们希望他们所做事情的可能性。

同时，另一种认知偏误也使我们经常**低估**参与人数不足的可能性：我们很少花时间思考我们的计划可能由于各式各样的、没完没
68 了的并且出人意料的因素而最终导致失败。相反，我们往往默默地把它们搁置在心里的一个角落，我们总是尽量不去想太多。但事实证明，没有考虑和厘清这些因素，会使得我们在判断概率时太过轻视这些因素的影响。

阿莫斯·特沃斯基和德里克·凯勒（Amos Tversky and Derek Koehler，1994）描述了这种现象，其他研究者也在一个经典的实验中证明了这种现象[2]——他们问被试者愿意为一份假想的保单支付多少钱。对一些人，他们解释该保单包括任何疾病或事故的住院治疗。对于另一些人，他们解释该保单包括任何原因的住院治疗。很显然后一个保单更有价值，它不仅涵盖了前一个保单的范围，还包括了更多。但是，信不信由你，前者获得了更高的（假想）价格！

简单地列出可能导致住院的疾病和事故原因就会引发一连串的想象和回忆，这些让我们感觉疾病和事故无时无刻不在发生。因此，我们潜意识地认为这些事件发生的可能性更高（并且因此需要住院治疗），因而就会给这个保单出更高的价格。相比之下，含糊不清的“任何原因”无法让人想起印象深刻的例子和结果，进而导致了一个较低的报价。如果我们习惯了明确列出“人们可能不愿参与我们的项目或使用我们的产品”的原因，我们可能会更保守也更准确地估算项目在目标人群中的接受程度。

在第十一章的案例中我们会看到，印度的一个小额信贷银行将健康险保单与它的贷款产品捆绑在一起。银行领导层明白捆绑保险与信贷产品是非常有意义的：利用其广泛的客户网络可以实现广泛的分布，同时更加健康的身体也有助于降低借款人违约的可能性。 69
而且这个项目也具有社会价值：它实际上能给成千上万未购买保险的人带来公平定价的健康保险。他们假设大部分客户都会接受它，所以决定把它设置为贷款产品的强制性捆绑产品。但他们判断错了。结果发现客户用**各种**理由推诿：他们不喜欢该保险本身，他们无法承担额外的成本，或他们只是憎恨被迫购买保险。

这样的经验教训使得我们总是让合作伙伴提供数据来支持他们估计出的参与度，而不是仅凭直觉，即使我们已经获得数据，我们也要学会深入挖掘和质疑我们的假设。第一次参加访问的人都会跟进并继续参加后续访问吗？说自己愿意借钱的人中有多少人会真正申请贷款呢？有时候人们可以从类似的项目和背景设置中找到数据来推测正确答案，而其他时候人们可以通过前期试点来进行直接调查；其关键是要做出一个有根据的估计。要小心这个想法——“如果我们开展了项目，他们就会来的”。经验表明，在开始时做一些合理的怀疑是一件好事。

【注释】

[1] 关于规范研究的讨论和引用，参见 Van den Steen (2004)。

[2] 参见 Johnson 等 (1993)。

第二部分

案例研究

第六章

信贷和金融知识培训

没有交付就意味着没有影响。 73

研究背景＋研究动机

小额信贷机构的日常工作不仅仅是发放贷款，除此之外还有很多可以做的，例如帮助客户掌握经营技能或改善他们的健康状况。甚至包括营利性银行，如果它们相信这些服务能提高贷款还款率并带来更多的忠实顾客，它们仅出于对利润的考虑也会提供这些服务。银行能以许多不同的形式提供这些额外服务：从社会契约（借款人承诺的积极行为，例如让他们的孩子去上学）到金融教育课程（传授关于信贷和储蓄、制定预算、商业规划等的知识）。

证据表明这种额外的培训项目有时能起作用，但并非总是如此。

例如，秘鲁的一个小额信贷机构[1]研究发现接受过商务培训的借款
74 人不仅增长了知识，而且更有可能成为回头客。但是墨西哥关于一项获奖的金融知识培训的研究发现[2]，人们对该培训项目的需求很小，该项目对边际参与者的影响很小。[3]

不同的结果可能是由于项目的多样性。培训课程在每一个维度可能都不同：内容、执行方式、时间长度、与其他服务的结合、培训师的魅力等等。即便如此，仍然存在许多问题。有些问题是操作上的：谁应该提供培训；何时何地进行培训。在实践中，小额信贷机构往往在室内进行培训，利用现有的基础设施直接提供服务，在农村和偏远地区则是由认识客户的贷款人员定期召开面对面会议。这是理想的执行方式吗？此外还有一些关于培训本身的问题：培训课程应该涉及哪些话题？接受金融教育的最好方式是什么，是通过媒体还是通过练习题等？在这些问题上研究者已有许多猜测和实践，但关于哪个效果最好，系统的证据却很少。

远程学习平台的增长，比如可汗学院（Khan Academy）和大型开放式网络课程 MOOCs，提供了新的培训方式，能规模化提供额外的服务，尤其是在传统教育基础设施有限的情况下，如发展中国家农村地区的许多小额信贷机构。使用多媒体技术来提供高质量的课程，这种方式能督促客户学习并带来更好的结果吗？技术能否作为一种合适的潜在开发工具，仍存在争议。[4]一些支持者认为，技术可以在很大范围内带来巨大的改变，它能够给地球上的每个孩子一台笔记本电脑，这将极大地改变现有的学习和教育方式。批评者反驳

道，技术本身并不能构成一个解决方案：它也许能放大或加速进步，但它永远不可能取代人类老师的聪明才智和努力。作为经验主义者，我们在这个问题上并没有原则性的立场；我们的方法仅是梳理这些 75
争论，再进行适当的检验。[5]通过评估应用了这项技术的项目，我们能够知道它能否以及在何种情况下能够有助于缓解贫困。

研究设计

2009 年，美洲开发银行（InterAmerican Development Bank）的研究者阿尔贝托·冲（Alberto Chong）（现就职于渥太华大学）、GRADE-Peru 的迪恩·卡尔兰和马丁·瓦尔迪维亚（Martin Valdivia）与秘鲁的小额信贷机构 Arariwa 合作探索这些问题，他们实施和检验了一个面向客户的多媒体金融教育项目。

项目课程共包含九个部分，并基于国际发展非营利组织“摆脱饥饿”提供的课程材料进行适当改编，融入了多种媒体和教学技巧。其核心是九个面对面的培训部分，这为信贷员提供了正式的实验章程和展板式的视觉教学工具。该项目由信贷员进行培训。每个培训部分都配备了 5～7 分钟的 DVD 录像供培训时播放，并配备了 25 分钟的广播节目来加强面对面培训和视频培训的效果，以及通过书面的家庭作业来鼓励学习者发现并反映出与之相关的行为变化。

研究者设计了一个随机化控制实验以便在实地中检验研究者对

借款人的培训项目。他们在 Arariwa 大约 1 200 个“社区银行”（也就是 10～30 个客户的自发组织群体，他们共同贷款）中选择了 666 个参与研究（也许这个奇怪的数值选择注定了研究的发展?）。为了确保可以进行多媒体部分的培训，该培训项目只涵盖了能正常使用
76 电力以及在电台广播范围内的群体。项目的设计很简单：一半组织将会被分配到实验组，另一半将会被分配到控制组。被分配到实验组的借款者群体将接受面对面的培训，并辅以视频培训，他们还被要求完成书面作业和听收音机的补充培训内容。被分到控制组的群体将获得“安慰剂式的”面对面培训，培训内容主要关于健康和自尊，没有作业、视频或广播的补充培训。

研究者想要知道金融知识培训教育对参与者的财务知识和真实财务选择的影响，他们计划收集两种数据。首先，他们会从 Arariwa 的行政管理记录中观察客户的实际还款和储蓄行为。其次，他们将对参与者进行调查，了解他们的家庭支出、金融知识技能以及对财务管理的态度。

执行计划

由于涉及四种类型的主体要素（媒体、许多信贷员、成千上万的客户和秘鲁的大部分地区），所以执行培训必定是一项复杂的工作。相同的研究者在仅仅一年前的一项研究中与另一家秘鲁

小额信贷机构合作，成功地在例行组会上（借款人通常在例行组会上见到信贷员本人并进行还款）搭载了培训。[6]他们决定与Arariwa采取同样的方法，在每月定期的例行组会上进行金融知识培训项目。

这些会议大约持续两个小时，信贷员大约使用40分钟按照实验章程进行培训，另外5～7分钟在电视机或便携式DVD播放器上播放辅助的视频。(根据各组的不同情况，会议可能在银行分行、社区 77
中心、客户家里或公司进行。这些场所很难保证有可用的视频设备。在项目开展前的讨论中，大多数信贷员表示有信心从客户那里借到音频或视频设备来开展培训。因此，Arariwa仅为研究项目购买了几台便携式DVD播放机，但不够给每个信贷员发一台。)

培训项目的另外两个部分是广播节目和书面作业，让客户在每月例行组会之外的时间进行。广播节目持续25分钟，每月在当地电台的非高峰时段广播四次。这样做有两个原因。首先，非高峰时段比较便宜，这有助于控制研究成本。其次，更重要的是，他们想使广播节目显得有点“不同寻常”，这有助于确保项目干预只针对实验组的人，而不是每一个人。广播在Arariwa的客户中十分受欢迎，黄金时段的广播节目可能会被许多控制组的参与者听到从而产生溢出效应，这会稀释研究的效力。

书面作业也在每月的会议之外的时间进行，是培训的最后一部分。作业有两个模块：在第一个模块中，通过一系列的问题检验客户是否收听了广播节目；在第二个模块中，通过书面问题的练习作业促使客户和家人坐在一起讨论具体的财务问题，并寻找自身在这些方面的行为改变。在研究开始时，实验组的每个客户都会拿到一个练习簿，上面包含所有的作业并预留了足够的答题空间。

78 Arariwa 和研究者不只提供了这些，他们也考虑了需求方面：他们怎么鼓励客户积极参与呢？把面对面培训和视频培训加入每月的例行组会是有道理的，因为客户本来就被要求参加该会议。为了鼓励广播节目和书面部分的培训，他们决定提供额外的激励：每次会议开始时信贷员将检查作业并奖励一位完成作业的客户。如果多位客户都完成了作业，就抽选出一位客户给予奖励。

最后是时机的问题。因为典型的贷款周期要持续大约 4 个月，研究者安排了 11 个月让各组完成 9 个部分的培训课程。在没有开展培训时，11 个月的时间足以召开两轮贷款周期（从完成贷款的结账到发放新的贷款）的会议。在 11 个月的时间框架内，研究者允许信贷员在他们认为合适的时间安排培训。

在实地中哪里出了错＋后果

事实证明，信贷员根本没有进行多少培训。被分配到实验组中的人只有可怜的 1％成功地在规定时间内完成了全部培训计划。大多数组甚至没有完成：实验组中几乎一半的情况是信贷员只完成了九个面对面培训中的三个。

有三个主要原因可以解释为什么实际上执行的培训如此之少。第一个原因是参加会议本身就是一个问题。一些客户总是迟到早退，还有一些客户根本没有出席，而是让其他组员代为还款。信贷员面对客户大量缺席的会议时通常选择推迟培训，以希望下次出席人数会增加。（但通常并没有好转。）毫无疑问，这在一定程度上是运气不好，但来自实地的证据表明，一些客户缺席会议正是为了避免培训。几个客户 79
甚至直截了当地要求他们的信贷员停止金融知识培训项目并“停止浪费他们的时间”。

仅有少数小组完成了培训项目的第二个原因是客户拖欠。因为事态朝着不利的局面变化，Arariwa 的信贷员在研究过程中面临异常高的违约率。一些地区遭受了严重的洪灾，生计中断，这制约了许多客户的偿还能力。信贷员的第一职责是收回贷款。在有限的会议时间内，他面临着选择——是把时间分配给金融知识培训，还是去追讨一个客户（或许多客户）拖欠的贷款——他们通常选择了后者。

培训没有完全被执行的第三个原因是信贷员根本就没有开展培训。一些信贷员不喜欢进行培训，这也是可以理解的，因为对这些课程内容他们自己所受到的培训就很少。另一些信贷员觉得这不是他们的工作。他们是被雇用来发放贷款和收回贷款，而不是来培训。对于这样的信贷员，培训会分散他们的精力，并被视为一种负担。这就毫不奇怪为何他们会在每月的例行组会上进行其他活动了。

只有极少数客户完成了面对面的培训（干预措施的核心），这实际上毁了这项研究。毕竟，考虑到几乎没有人接受培训，没有必要比较大部分未被处理的实验组和未接受处理的控制组的结果。正如我们在有关“较低的参与率”那一章中所看到的，许多项目没有被完全合乎要求地执行。但这里的合规率特别低（被分配到实验组的人中只有少于 1%的人完成了培训）。即使这 1%产生了正的处理效应，该研究的样本也太小而不足以验证实验效果。

80 如果结果证明面对面的培训很难实施，那么由于缺乏设备和技术困难，进行多媒体的补充培训几乎也是不可能的。与信贷员在预调研中预计的相反，信贷员通常无法从客户、朋友或家人那里借到电视机和 DVD 播放机。同时因为客户难以收听广播，广播渠道也失败了。在 Arariwa 购买的“非高峰”广播时段，一些客户要工作，无法收听。尽管研究者针对的是电台覆盖范围内的借贷团体，但一些客户住在偏远地区，在家无法收听广播。此外，还有少数人实在不知道如何把收音机调到新的电台听广播。

研究发现客户实际获得的视频和广播培训比面对面会议更少之后，研究者和信贷员进行了面谈。数据显示：大约一半的组只有一个视频设备（超过 40%没有任何设备）；仅有不到 7%的客户经常收听广播。总的来说，至少完成了一个培训部分的小组中也只有五分之一具备了符合预期的多媒体设备，完成水平如此之低，以至研究者无法检验研究项目的效果。

什么是失败?

在这个案例中，我们看到导致失败的两个主要方面：**研究的背景设置**与**合作机构的挑战**。

前面给出了几个不同的实例。首先，实地活动对技术的应用提出了挑战。尽管预先（可能是表面的）评估了执行干预措施的可行性，但是在实施中仍然受阻。这个案例不仅缺乏音频或视频设备，而且部分客户无法收听广播。其次，干预措施本身复杂到让人费解。培训可能看似是简单的，但实际上有许多操作步骤——面对面的会议，涉及电视机、DVD播放机、广播等形式的培训，所有步骤都需 81
要执行得当，但事实上却没有。考虑到在研究前没有开展试点，也许作为随机化控制实验它是**不够成熟**的。最后，这一切的挑战导致了**糟糕的时机**，致使一些客户出现还款违约问题，进一步增加了信贷员的压力。

事实上在这个案例中，合作机构的关键挑战是**相互矛盾的优先顺序**。研究者希望信贷员没有任何失误地执行培训，同时又没有减轻他们的基本职责。当面对主要工作（发放贷款并且及时收回贷款）和附加实验任务（大部分客户仅是被动接受培训，一些客户公开表示不喜欢培训）之间的取舍时，信贷员把金融知识培训放在第二位也就不足为奇了。导致这个挑战的可能原因是对于大多数信贷员而言，关于金融知识（或任何主题!）的培训是一个全新且不熟悉的任务，这完全不同于他们最初接受培训与被雇用的目的。

得到的经验教训＋补救方法

关于执行的第一个经验是做更多的事前检验。事后看来，研究中的干预措施的两个特点使该项目非常有必要进行试点。第一，客户对金融教育的需求是未知的，了解该需求对项目执行是很重要的。如果客户真的不想接受培训，他们可能会打乱研究计划（如拒绝参加培训，就像一些客户所做的），或者可以简单地把他们的贷款业务转移到其他机构。第二，干预措施的成功执行取决于一连串的行为和条件：信贷员借到视频设备，在会议地点有可靠的电力，当地广
82 播电台进行定期广播，客户家中拥有可用的收音机，等等。这些条件有多少超出了实验者的直接控制或完全在他们的预期之外呢？事前检验可以暴露这一连串环节中的薄弱环节。

关于执行的第二个经验是要进行持续的监督。这项研究并不是突然失败的，它是逐渐发生的，那么就可能有许多机会采取纠正措施。假设研究者在项目开展三个月后已经能够预见到只有少数几组能够完成一个培训部分，他们可能就会做出应对，增加各组完成项目的时间或雇用专门的金融培训师协助信贷员。如果他们意识到了多媒体设备难以获得，他们就会购买更多的便携式 DVD 播放机。改

变进行中的研究协议和参数通常是最后一招，但它可能是最好的选择。作为研究者，我们经常面对这种现实——用于收集数据的人力和物力非常有限。常见的策略是将资金集中投入到稳健的调查中，主要包括基线调查、底线调查或两者兼而有之。这是一个很好的例子，证明在执行过程中对数据监督进行更多投资可能是值得的。

除了通用的关于执行的经验教训外，本案例还提供了关于金融知识培训的两个特定经验。第一，综合技术的应用带来的多是负担，而非研究者最初所想的便利，未来还需要更大的投资和努力才能为成功奠定基础。不仅培训内容必须是高质量的，而且要具备前提条件：训练有素且有魅力的培训员、可用的设备、电力及许多会使用技术的用户等。使用视频和广播的潜在好处是很明显的（比如规模可扩展性）。但是项目的执行就如同橡胶轮胎必须符合道路条件，比如在秘鲁农村，道路是泥泞的、坑坑洼洼的，而且没有可靠的街灯。
此外，个人对技术的可获得性是很难保证的，更不用说保证设备正 83
常运作所必需的潜在基础设施（如一个可靠的电网）。

第二，雇用小额信贷机构的信贷员进行金融知识培训是一个复杂的（但可行的）议题。对此，有利的一面是巨大且引人注目的：他们能够联系到他人难以接触到的人；伴随金融产品和服务来提供金融教育有直观的意义；“及时”传授给人们可以立即使用的相关知识，这可能是很有帮助的。但是，教学是一项专业技能，需要有意愿、耐心和努力才能做得很好。考虑到并不是所有信贷员都是好的金融知识培训师，仅仅通过培训就希望大多数信贷员能合格胜任，这是最好的方法吗？或者“培训师”负责培训，信贷员处理贷款手续，这样的合作会更好吗？这些都是重要的执行上的问题，弄清楚这些将有助于进一步的研究。

【注释】

[1] 参见 Karlan 和 Valdivia（2010）。

[2] 参见 Bruhn、Ibarra 和 McKenzie（2014）。

[3] 这只是众多案例中的两个；对金融知识培训项目以及它们对财务行为和结果的影响的更全面回顾，参见 Hastings、Madrian 和 Skimmyhorn（2013）。

[4]《波士顿评论》（*Boston Review*）主持的一个论坛抓住了这个问题的关键点：http://www.bostonreview.net/forum/can-technology-end-poverty（2016 年 2 月 3 日）。

[5] 卡尔兰在《波士顿评论》论坛上的回应并总结了我们的观点：http://www.bostonreview.net/forum/can-technology-end-poverty/evaluate。

[6] 参见 Karlan 和 Valdivia（2010）。

第七章

利率敏感性

忽视房间里的大象。 84

研究背景+研究动机

在众多的家庭信贷产品中，小额贷款有着特殊的地位。如果你让一个普通人来形容小额贷款，他可能会将它描述为给穷人（通常是女人）的小额低成本贷款，以帮助他们建立小微企业并脱离贫困。这在一定程度上是正确的。事实上，小额贷款有许多形式、额度和偏好。特别是利率的差异非常大，从低于20%的年利率（annual percentage rate，APR）[①]（优于大多数信用卡）到超过100%的年利率

① 一种常见的单利。——译者注

(尽管这会违反许多州和国家的反高利贷法，但也许仍是最优的选择，而穷人的次优选择往往是非正式放债者)。

在某种程度上，利率的广泛范围反映了潜在变量（这里仅列举出其中的几个例子：默认的利率、贷款规模、员工与客户的比例等）
85 同样广泛的范围，这些潜在变量会影响提供贷款的成本。但现实是，几乎没有小额信贷机构会机械地根据这些因素去决定它们的利率。对大多数小额信贷机构来说，设定利率的过程是直觉推断式的。这个过程往往基于邻近的例子和参考点：我们的竞争对手定为多少？我们过去定为多少？政府对我们定的利率有限制吗？如果有的话，限制是什么？

小额信贷机构可以通过计算的方法把收入设为关于利率的函数，并努力使利润最大化。这样做又会带来一系列关于利率和收入关系的新问题。为了理解它们之间的关系，银行需要知道在各种利率下有多少人会申请贷款，贷款规模将是多大，违约率是否会随着利率的变化而改变，以及随着借款人数的变化，贷款成本将会怎样改变。

在回答了这些问题并相应地设置了利率后，银行也许能更好地设置最低利率；它所带来的影响可能还会超出收益率。例如，可想而知，不同的利率会吸引不同类型的客户。例如高利率可能会赶走其他所有人，只留下最贫困、最缺钱的借款人。

机遇国际储蓄与贷款有限公司（Opportunity International Savings and Loans，Ltd，OISL）是加纳最大的小额信贷机构，它关注利率对收入和拓展服务的影响。2006 年，它与迪恩·卡尔兰、耶鲁大学的克里斯·乌德利和达特茅斯学院的乔纳森·津曼一起合作，用随机化控制实验来检验这两个问题。迪恩和雅各布认为这项研究是很特别的，因为他们的第一次见面就是在这项合作中。虽然正如你现在所看到的，该项目的进展并不顺利，但他们依然建立了牢固的友谊和合作。

研究设计

该项目的基本概念很简单：向不同客户提供不同利率的市场贷款，并且观察有多少人以及什么样的人会给予回应。在美国的背景环境下，这类实验可以轻松地进行：使用电子邮件或直接邮寄的方式推销该贷款，使用信用评分作为借款人财务信息的代理变量。（事实上，银行一直在做这样的实验。如果你曾经收到一封信说银行向你提供信用卡，那么你就很有可能已经参与其中了。） 86

但是在加纳，环境设置会更加复杂。因为没有信用评分，大多数人没有邮寄或电子邮件地址——特别是 OISL 的潜在客户群，大部分是中下层的贫穷小微企业。因为缺乏这些关键的基础条件，就需要去面对面地开展实验。研究者可以使用一个简短的调查来估计贫困水平，即询问客户 6 个问题。此外还需要亲自进行营销，外勤人员需要去企业拜访潜在的客户并进行调查，发放促销传单并简要描述提供的贷款。

上门营销的一个问题是人们对本地利率的变动更为敏感：OISL不希望被人们认为是不公平的，即给某个人提供一个利率，给他的邻居提供另一个利率。为了将声誉风险降到最低，研究者选择“集群”设计，也就是将一个小型社区视为一个独立的整体，给该社区内所有人分配同一种特定的利率。集群是根据自然边界定义的，例如市场中的一排摊位，或城市街道中的一个街区。

研究者确认了180个这样的集群，包括3 824个小微企业，它们
87 分布在首都阿克拉（Accra）12个繁华的商业区域，覆盖了OISL三个分行的服务区。他们设置了四种利率：24%、31%、38%（OISL的正常利率）及45%，并将利率随机分配给每个集群。

促销传单被发放到每个企业的负责人手中，传单内容不仅包括利率，还包括实验者关注的其他营销变量：在一半传单中利率显示为一个简单的年度百分比，在另一半传单中利率显示为每月的贷款偿还额；此外，在一半传单中印上了穿着讲究的银行员工的照片，在另一半传单中画了一位产品销售人员，看起来像是OISL的典型客户；在一半传单中说“贷款高达1 500美元”，在另一半传单中则说“贷款高达5 000美元”。与利率的分配不同，这些营销变量在个体水平上是随机分配的。

这种将利率和营销变量组合的产品是针对小微企业的个人贷款，是OISL推出的新产品。（当时它只提供连带责任的贷款，客户要组团进行团体借款，成员之间交叉担保彼此的债务。）对于新的个人贷款，申请人需要指定一位担保人，担保人的收入要足以支付债务。

如果申请人拖欠还款，担保人要承诺归还贷款。为了有资格获得贷款，申请人还要提供他们企业的资产和收入信息，信贷员稍后会进行访问并证实这些信息。申请人可以申请的贷款期限从 3 个月到 12 个月不等，他们可以用这些钱来扩展或提高他们的业务。(要补充说明的一点是，这恰好说明了小额贷款领域中仍存在很多争议：一些贷款方要求借款人有实际的收入，一些贷款方仅说他们希望借款人把钱用于企业；其他贷款方既不要求也不期望任何事，允许借款人做任何他们想做的事。目前没有证据显示这对改变投资行为是否重要。)

虽然这项研究关注的主要结果是实际的借款，但研究小组也设
计了软件以便在整个申请过程中追踪参与者。银行员工可以记录客 88
户进行的每个步骤：在实地中获得促销信息，到 OISL 的分行进行咨询，启动一个贷款申请，完成申请过程（包括提供担保人），最终获得贷款。在后期处理时把实地中的简短调查与这些记录相关联，就可以完整描绘出个人的贫困水平、他们收到的贷款广告以及在整个申请过程中他们完成了几步。

执行计划

OISL 的信贷员已经很熟悉贷款申请和管理的过程，他们将参与研究的执行。在项目的第一个阶段，他们主要作为市场营销人员给

事先确定的 3 800 多位企业负责人打电话推销（并且要求他们坚持到底，如果打电话时对方不方便接，至少要做三次回访）。当他们联系到企业负责人时，他们会按事先规定好的谈话要点开展对话：介绍自己和 OISL；描述促销传单的内容（包括利率和其他营销变量）；进行简短的贫困水平调查；如果客户想询问具体细节，邀请他们来当地的 OISL 分行。

在四个月的执行过程中，信贷员在一个个集群内持续进行营销，他们在实地和分行（对贷款广告做出回应的客户会来到分行）间奔波。当企业负责人拿着他们在实地中收到的促销传单进门时，他们会被带到大堂的一个桌子前，值班的信贷员会在研究数据库中登记
89 企业负责人的名字（实地访问期间收集的信息），回答他们提出的任何问题，如果他们感兴趣的话，帮助他们开始申请。

这项实地研究为各项银行业务增添了新的常规工作，从上门销售、特别的营销项目到数据库软件。为了提前发现可能遇到的困难，OISL 和研究者在正式开展实验前，在一个分行进行了有限规模的试点。试点与正式实验的执行要点一致，只要足以检验市场营销和分行内的常规工作就足够了，不需要持续更长的时间以观察人们完成整个贷款的申请过程。不过，即使只能看到企业负责人对新贷款项目的最初反应也不错，因为它能帮助研究者粗略估计完整实验的接受程度。他们发现超过 10%的企业负责人会来到分行咨询这个新的贷款项目，这证实了研究者的最初估计（研究者也是使用这个初始估计值来计算研究的样本大小），所以他们决定继续开展研究。

在实地中哪里出了错十后果

该研究在某些方面是成功的：实地中的营销和分行的咨询都正常进行，没有出现意外。企业负责人对贷款广告的回应也符合预期。平均来说，有15%的人来到分行咨询（如图7-1所示）——甚至超过了试点的结果。但事实证明实际操作比预期的更加烦琐和麻烦，不仅错综复杂的研究协议导致了问题，而且贷款申请过程中也出现了问题。 90

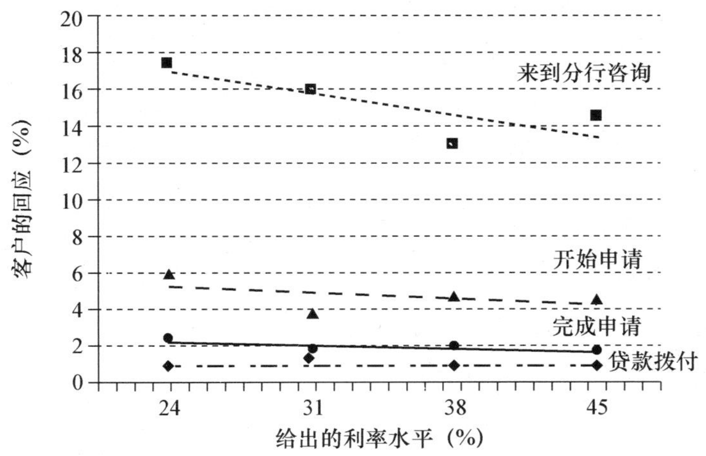

图7-1　根据利率分类的贷款进展

注：来自作者自己的研究。

贷款申请的第一个挑战来自对担保人的要求。大多数申请人很难找到能够承诺担保贷款（比如2 000美元）的家人或朋友。他们或许不知道有谁符合要求，或许认为提出这种要求太过分了。不仅要求担保人承担风险，还需要处理很多麻烦的文书工作，需要担保人亲自来到分行并提供大量的文件证实其收入或财富足以支付借款人的贷款。

贷款申请的第二个挑战是时间安排。花费的时间太长了，从最初的咨询到贷款拨付平均要花费一个半月。许多申请者的需求对时间是很敏感的；随着最后期限的转瞬即逝，他们的贷款申请依然“在审查中”，许多人要么撤回了他们的申请，要么放弃了该计划。

综合而言，这些挑战共同导致了企业负责人对贷款的接受程度较低。平均来说，在收到贷款广告的每 100 个企业负责人中，大约只有 15 个人来到 OISL 分行进行咨询。其中仅有 5 个人（4.7%）开始了申请，只有 2 个人（1.8%）完成了申请。在这 2 个人中，只有 1 个人（0.9%）抵达了终点——实际获得了贷款。①

91 图 7－1 清楚地展示了该结果，由于获得贷款的最终客户数太少，不足以有效分析客户对不同利率的敏感性。并且从结果批判性地看，贷款总额（约 30 个贷款）对 OISL 并不重要，因为它太少了，不足以弥补上门销售的大额支出。

什么是失败？

表面上看，这是一个简单的**参与度偏低**的案例。与试点后的预

① 人数与百分比不匹配，原文如此，疑有误。——译者注

期相比，非常少的客户进行了贷款，这削减了研究的效力。发生这种情况有两个原因。

第一个原因与研究背景的设置有关。OISL 在项目开始前开发的个人贷款产品并**没有成熟到足以**支持研究。每个人都（错误地）认为 OISL 在处理和审核团体贷款申请上有丰富的经验且这些经验适用于个人贷款，并预期申请过程将顺利且高效地进行。但结果证明影响新贷款项目参与度的决定因素是对新产品而言独特的贷款要求(例如担保人和商业审查)，而不是利率。结果是：无论利率高低，尽管许多人表达了对贷款的渴望，但是很少人能够完成申请程序。

因为申请过程花费的时间过长，许多客户退出了，这是导致失败的第二个原因：该研究给 OISL **员工带来了过重的负担**。参与项目的信贷员，除了要负责他们现有的团体贷款任务外，还要处理个人贷款这个额外的任务。他们必须在例行组会之外挤出时间处理所有的实验研究工作（会见担保人、拜访申请者所在企业），并且追踪拖欠贷款的借款人等。这些都导致了平均六周的申请时间以及（开始 92
申请和贷款发放之间）近 80%的损耗率。

注意，这些失败并不意味着对 OISL 而言该产品是彻底失败的。事实上这项研究表明，一些特定要求使许多潜在客户望而却步，约束了人们对产品的有效需求。在 15 个接受了信贷机构给出的利率的申请人中有 14 个未能最终获得贷款，这表明在将潜在借款人发展为实际客户这件事上还有改进的空间。进一步来讲，该结果也表明对利率的调整程度较小时可能**不足以**产生影响，虽然这可能确实是正确的，但实际上，一旦提供贷款的必要流程就绪后，利率的高低还是很重要的。

得到的经验教训＋补救方法

从研究的角度来看，得到的第一个经验教训是少进行假设，多进行观察。在这个案例中，错误的假设是在申请过程中几乎不会失去客户。研究者本可以做得更好，将试点范围扩展到市场营销和潜在客户的最初反应（来访分行）步骤以外。如果他们在试点中一直跟踪客户直到贷款发放为止，他们可能就会发现损害整体研究的障碍。我们可以很容易地发现新惯例和旧惯例之间的相似之处，并认为技能是可转移的（比如 OISL 信贷员在审查团体贷款申请上是老手；他们在新项目上的表现能有多大不同呢?），但是实地结果常常证明即使是细微的差别也能引起巨大的差异。

第二个一般性的经验是需要让合作机构的现有员工产生责任感。在该案例中，研究者们增加了员工的常规工作（在这个案例中是指
93 营销个人贷款、审核新的申请过程、管理新的借款者）而不为此特意留出空间（也许是减少其他职责或提供激励），并假设员工还有余力用于研究。但的确如此吗？即使工作人员很忙，人们也很容易相信他们会继续尽力去做值得努力的事（自己的研究项目似乎总是有价值的）。一个选择是招聘新员工，这会给已经很紧张的预算带来更

大的压力，这似乎也是不可行的。但是依赖全职员工，让他们在每天的工作外挤出额外的时间，这并不切合实际且通常会导致计划失败。

尽管审查不是主要的研究问题，但研究还是得出了一些结论。比如，在申请过程中得出的明确结论是：它太严格了。幸运的是，OISL 注意到了这个问题，并在未来进行个人贷款产品的研究时放松了对担保人的要求。此外，研究者也使用了其他方案来进行这项研究。在南非的早期研究中，卡尔兰和津曼发现降低消费贷款的利率确实能增加贷款的需求数量，但不足以增加总收入。但提高利率会使人们离开。信贷机构的最佳选择（为了利润最大化）似乎是留在原处不变。然而，在墨西哥的结果截然不同（对墨西哥的研究进行了更长的时间）。在墨西哥的全国性实验开展后的三年，较低的利率为信贷机构带来了**更高**的收入，这意味着从获取利润的角度看，降低利率是最优的。(也许对客户来说也是最优的!)[1]

【注释】

[1] 南非的研究成果见 Karlan 和 Zinman（2008），墨西哥的研究成果见 Karlan 和 Zinman（2013）。

第八章

青年时期的储蓄

94 真金白银会吸引来伪装的受访者。

研究背景+研究动机

很多人通常认为穷人不需要储蓄，因为贫穷意味着穷人只能够勉强维持生计。储蓄的前提是拥有**多余**的东西，获得的收入超出了今天所需要的食品、医疗保健、学费等等。尽管人们也知道他们应该把一些东西储备起来以满足长期之需或作为灾难来袭时的保障，但当他们获得收入时还是会优先考虑那些迫切的需求。因此，意外和冲击都会让他们措手不及，甚至比以前更加脆弱。投资不足的恶性循环持续往复，使贫穷家庭陷入“贫困陷阱”。

幸运的是，这个谬论及其背后的简单逻辑已被有力地揭穿了。[1]

问题不在于穷人是否能够储蓄（他们可以），而在于他们如何获得工具，使他们在有钱时能容易且安全地把钱存进去，在需要时又容易把钱取出来。对年轻人来说，这不仅是工具的问题，而且要养成一 95
种习惯。随着这些年轻人结婚生子并成为资金提供者，他们早期的储蓄行为会带来重要的长期影响。

一般而言，有两种政策手段可以增加储蓄：在供给方面，增加人们能够申请到的账户；在需求方面，鼓励人们增加储蓄。哪种方法能带来更多的储蓄呢？或者它们是多余的吗？为了提高储蓄，两种方法都是必要的吗？不难想象这样一种情况：两个政策在分别执行时是无效的，但它们一起执行时却能改变储蓄行为。换个角度来想：这两个政策也可能是替代品，也就是任何一个方法都可以改变储蓄行为，但两个一起使用时的效果反而不如单独使用时好。2009年波士顿联邦储备银行（Boston Federal Reserve Bank）的研究者朱利安·贾米森（Julian Jamison）（现任职于世界银行的“助推”项目组）、迪恩·卡尔兰和达特茅斯学院的乔纳森·津曼一起设计了一个随机化控制实验对此进行研究。

研究设计

研究者与当地机构合作设置了两个干预措施：基于团体的简单储蓄账户和以青年为中心的金融知识培训课程（包括 10 节 90 分钟

的课程，每周一次，共进行 10 周)。他们与乌干达教会合作招募参与者，因为乌干达教会的青年俱乐部网络在乌干达全国各地有成千上万的成员。他们选择了 240 个俱乐部参与这项研究，每个俱乐部约有 20 名成员。这些俱乐部被随机分配到 2×2 设计的四个组，这使研究者既能一个个单独地也能组合地研究干预措施。

96 研究者关注各主体在研究中显示出的一系列结果，从银行和金融领域的知识、对财富的态度到储户、借款人、贷款方和收入者的实际行为和表现。他们计划在执行干预措施的前后分别对青年俱乐部的成员进行基线调查和底线调查，收集数据来度量上述指标。受访者完成调查后将获得一定的报酬：研究者在其中一个模块设置了一系列类似博弈的任务，并通过使用真实货币以引出受访者的偏好。平均而言，受访者在调查阶段获得的收入小于 1 美元。

执行计划

金融知识培训和储蓄账户的细节对我们这里讨论的失败并不重要。真正重要的是研究者计划使用的数据的本质。

正如我们在第四章所看到的，在可行的情况下应该首选行政管理数据——通过第三方调查参与者而得到的数据。在这个案例中，研究者可以追踪实验组参与者的储蓄账户余额来分析金融知识培训课程对他们的影响，但是没有其他参与者的这类数据进行对比。研究者也无法获得他们想要的许多其他信息。没有机构调查过这些青年俱乐部成员的金融知识和态度。所以他们设计了一个调查来补充这些行政管理数据。

调查是令人担忧的（正如第二章和第四章所示），尽管有实际的改进，但这个过程仍然是复杂且不完美的。调查需要问问题，但是询问的方式可能以这样或那样的方式影响受访者。在这种情况下，研究者怀疑实验组的受访者可能由于压力而给出肯定的答案。假设 97
金融知识培训建议参与者储存更多的钱。然后当一项与培训有关的调查询问他们的储蓄目标是什么时，理所当然地，他们可能会给出他们认为研究者想听的答案，尤其是在那些非常主观的问题上，比如关于储蓄看法的问题。与此同时，关于研究者想要听的答案，控制组的受访者也许有不同的预期（或者根本没有）。这就可能导致一种偏误——**实验者的需求效应**。

有两种方法来解决这个问题。第一，如上所述，尽量使用行政管理数据。第二，尽可能地把干预措施的执行与数据收集分离。尽量不让参与者认为这两者是有联系的。在南非和菲律宾的信贷影响研究中，研究者甚至雇用了一个完全独立于干预措施的调查组，研究者也不告诉调查员贷款的合作机构是谁。因此，当调查员进行调查时，他们就没有什么可隐瞒的。

这个研究同时使用了这两种方法，但主要是第二种。研究者组建了两个独立的团队。首先，调查组在 2010 年 5 月和 6 月进行基线调查。其次，从 2010 年 7 月到 2011 年 5 月，实验组执行干预措施。

最后，从 2011 年 6 月到 8 月，调查组再回来进行底线调查。

因为两个组在实地中没有重叠，所以他们需要一种方法来验证在基线调查和底线调查之间那些正确的人是否受到了正确的干预。他们选择了最简单的方法，因为金融知识培训课程在俱乐部会议上进行，储蓄账户也是在俱乐部会议上发放的，所以实验组成员在俱乐部会议上会被口头点名。他们还可以使用基线调查中收集的数据作为安全问题（例如，参与者的生日、现在的学校或父母的工作）来进一步确认身份。

98 这种方法有一个明显的权衡取舍。一方面，两个组没有重叠是可取的：这有助于削弱实验者的需求效应。也就是，如果参与者知道他们是实验的一部分，也许希望取悦研究者或让自己成为未来研究的一部分，这就可能改变他们的回答结果。另一方面，这样的分离具有挑战性，原因有两个。第一，它意味着实验更为复杂，要管理两个实地团队，而不是一个，还要协调它们的活动。第二，它有其自身的风险：如果人们发现了两者的关联，它可能引起参与者的不信任。

在 240 个青年俱乐部中，研究者从每个俱乐部随机选择 12 个成员来完成基线调查和底线调查。（考虑到总体的样本大小，并且干预措施在团体层面进行，对于研究分析而言，没有必要调查每个组的每位成员。）通过询问了解整体情况的俱乐部领导人，确保了被选择的 12 个人可以参加调查并保持低调。

在实地中哪里出了错十后果

结果证明跟踪个人是很困难的，不仅仅是点名而已，因为俱乐部成员会试图掩盖他人的缺席。项目助理在考察实地工作时，发现的点名情况大致如下：

"玛丽!"沉默。

"玛丽?"沉默。

"玛丽·奥保亚?"沙沙作响。耳语。一个坐在房间后面的女孩用手肘戳了下她的邻座。邻座举手，喊道："到。"

"玛丽·奥保亚？你确定吗?"

暂停。"是的。"

负责人迅速翻阅他手上的文件，问道："玛丽，你现在上学吗?" 99

咳嗽，清了清喉咙。喃喃地停顿了。"玛丽"俯身靠近她的邻座，她的邻座正对她低语。她再次站直，回答道："我在圣约瑟夫中学。"

如此等等。

项目助理看到人们很难记住"自己的"个人信息，这很明显有问题。但他们不能直接批评该俱乐部成员骗人。第一，调查员在一些情况下可能是错误的：安全问题上存在的差异可能是由于基线调查组的错误。第二，也许受访者只是害羞，在这样一个会议上被点名，感到有点紧张。第三，这样做会迫使调查员公开承认调查组和实验组的关系。所以调查员只是记下这个奇怪的现象以提醒研究者，同时继续进行调查。

研究者召集了很多俱乐部的领导人开会，这些领导人最终证实了研究者的怀疑。俱乐部成员会相互交流，特别是那些被调查员（据称是不相关的）访问过的。有些人可能会告诉其他成员一些经验，或许也包括他们通过调查获得的钱。考虑到这一点，如果 12 个人中有 1 个人缺席，这就给了其他成员顶替他参与项目的潜在机会，因此别的成员会假冒他。在一些情况中还发现俱乐部领导人（也是研究执行中的合作伙伴）居然在鼓动他们这样做！具有讽刺意味的是，似乎是这些领导人导致了实验者的需求效应：他们担心较低的
100 出勤率会给俱乐部带来负面影响并让研究者失望。也许他们担心这会损害他们未来参与有价值的项目的机会。

不管是由于俱乐部成员还是由于俱乐部领导人，参差不齐的出勤率都稀释了实验组干预措施的效果。目标是要研究完成 10 节金融知识培训课程的影响，大多数成员实际参加的培训却显著地少：估计平均参加的培训课程数低于 5。因为存在冒名顶替现象，正式的考勤记录也不能肯定地说明谁参加了培训。这就意味着研究者在分析中无法控制有缺陷的执行。

尽管这一轮调查必须做出妥协和让步，但后来研究者又回来进行了另一轮数据收集，这次没有产生对冒名顶替的激励——使用个体化的调查方法（为了避免之前谈到的点名情况），并小心地跟踪个

人信息以确保身份的验证。令人高兴的是，他们的第二次调查很成功。

什么是失败？

在这里最表面的失败很简单：受访者没有遵守身份验证系统的规定。别的不说，这点就意味着**调查和度量执行的失败**。当我们收集的数据来自错误的人时，实验就不起作用，特别是使用考勤数据来验证实验对象是否已经接受了干预措施的处理。

一个更深层的问题是，在这个案例中是否存在**技术设计**的失败。鉴于有许多相互矛盾的问题在起作用，因此很难认定研究者的计划有缺陷。（当然，我们可能会有偏误，因为其中有一位研究者是本书的合著者。）考虑到缺乏官方文件（例如，不是所有俱乐部成员都有政府发行的带照片的身份证）支持的背景环境，跨期识别和跟踪个人始终是一个挑战。研究者是否已经发现了更好的方法来追踪受访 101
者（从基线调查、干预措施到底线调查）？他们可以在追踪的同时不透露调查组和实验组之间的联系吗？

一个可能的**技术设计**失败是潜在的激励，它导致俱乐部成员最初的不端行为。除了俱乐部领导人鼓励成员冒名顶替的少数情况外，这里最简单的解释就是钱。结果证明，参与调查虽然仅能赚到几美元，但参与调查的偏好诱导也足够影响受访者的行为，研究者也因此清醒地认识到，在贫穷的环境中，现金报酬可以产生非常大的影响。

得到的经验教训十补救方法

第一个经验教训是：构建（更多的！）保障措施以防范假冒的身份即明目张胆的欺诈行为。使用基线调查数据来设置安全问题是一个好的开始，但在这个案例中这还不够。可以使用照片，或通过短信发送的一次性授权码，甚至使用指纹来避免欺诈。IPA 不断地从这样的失败中学习并改善在实地中收集数据的方法。这些改进是实地研究的发展源泉。

更健全的系统自然也会随之带来它本身的挑战：增加了技术复杂性，花费通常更多且让参与者感到不舒服。俱乐部成员可能不愿意提供其他识别特性，比如通过指纹扫描获得免费且自愿的金融知识培训课程。正确的安全防护级别取决于具体项目，但它有助于设定一个参考范围，有助于设立应急计划，以证明初始规则太弱或太强。

102 在这方面有一个成功的例子，2009—2012 年在利比里亚，耶鲁大学的克里斯·布拉特曼（Chris Blattman，现任职于哥伦比亚大学）、朱利安·贾米森、哈佛医学院和波士顿儿童医院的玛格丽特·谢里登（Margaret Sheridan）及 IPA 的特里西娅·甘瓦（Tricia Gonwa，现任职于世界银行）评估了为失业和无家可归的青年提供咨询和现

金补助的项目。高达 200 美元的现金补助足以让研究者担心产生冒名顶替的问题。前期试点也证实了这个担忧：尽管询问了很多安全问题，但很明显有些人试图挑战验证系统。作为回应，他们在正式研究中使用了更强的规则，给所有参与者定制带照片的身份证。虽然这个要求对参与者而言是一个负担，但参加实验的收益显然超过了这个负担：100 名受访者中有 99 位同意与该研究小组分享他们的照片，冒名顶替的问题就这样解决了。

回到乌干达的例子：一旦大家知道参与者已经明白了实验组和调查组之间的关系，如果研究者此时公开承认并明确处理冒名顶替的问题，研究小组能做得更好吗？在这里并没有一个正确的答案，只有权衡取舍：坚持到底，还是进行调整？简单地（不坚定地）继续向前，还是冒着风险去揭示和解释研究和干预措施之间的联系？

我们这里再简单地思考一下现状。有多大的可能性，受访者其实并没有发现随机化控制实验中实验组和调查组之间的联系？至少，调查的参与者知道他们是研究的一部分，因为伦理研究实践要求所有受访者签署知情同意书以共享他们的数据。即使数据收集和干预措施是单独发生的也要签署。就像在这个案例中，实验的干预措施通常与现状不同——一项新的提议、额外的活动或政策的变动。参与本研究的青年俱乐部从未受到过金融知识培训或被推销过金融产 103
品。但当这种变化发生的同时，“碰巧”也开展了关于金融态度和行为的前所未有的调查，这必定会引人注目。如果人们在实验组和调查组中看到了同样的研究人员，那就更明显了。但鉴于实地中有限的监督能力（事实通常如此），特别是外国研究者在发展中国家很难做到小心谨慎（因为外国人总是很引人注目的），这很**可能**自然而然地就发生了，但是也需要不遗余力才能人为地使它发生。

第二个经验教训是潜在的激励在一定程度上导致了冒名顶替问题：只有十二个人（而不是组中的其他人）参与调查并有机会得到报酬。假使事情不是这样的呢？为什么不直接使用游戏代币来问偏好诱导型的问题呢？越来越多的文献[2]对比个人偏好研究中的假设选择方法和真实选择方法。结果发现与假设的问题相比（如“你将为 X 支付多少钱?”），使用真实货币或商品的方法通常能更好地预测个人的实际行为。一篇文献综述[3]发现，与真实选择的环境相比，被试者在假设选择的环境下会将回答扩大三倍。

不管是真钱还是假想的代币，避免询问关于钱的问题是一个替代的方法。例如，我们可以问：“‘一般而言，我怕承担风险’。对于这个陈述，你是强烈同意、同意、既不同意也不反对、不同意还是强烈不同意呢?”相比那些询问具体金额的问题（如，“你是愿意今天获得 10 美元，还是在一个星期后获得 12.50 美元呢?”），实际上人们也许能够更好地理解这样的问题。但自然地，我们很难将那些
104 询问具体金额的问题应用于经济学模型，因为它们并没有产生具体的数值参数。我们也还没有看到足够的分析哪种定性问题能更好地预测真实行为的研究。这方面仍需要进行更多的研究。

在这种情况下的一个选择是让**每个人**都参与基线调查（或者至少参与偏好诱导调查）。当然，这些额外的调查要耗费大量的成本和

时间。但它也许能避免冒名顶替的问题。

区别对待受访者（朋友、同学、邻居、同一个贸易协会或教堂的成员）会给每个人的生活带来明显可见的差别对待，这是存在风险的。人们会交流，而且与外来的研究者相比，他们通常更加愿意彼此交谈。在某种程度上，这在随机化控制实验中是不可避免的，因为一些人将被分配到实验组，另一些人会被分配到控制组。但是，在可能的情况下，在一个亲密的团体中不应该出现这种差异。研究者聪明地以俱乐部为单位实施干预措施，而不是在个人层面进行。在设计调查进程时，他们本可以更进一步，让每个俱乐部中的所有成员获得更多的一致性。

【注释】

［1］关于储蓄的实验研究综述，参见 Karlan、Ratan 和 Zinman (2013)。

［2］对偏好引致和价值诱导的实验研究方法的全面综述，参见 Harrison 和 Rutström (2008)。

［3］该结果来自 Little 和 Berrens (2004) 的整合分析。

第九章

家禽贷款

105 没有飞行员就想起飞。

研究背景十研究动机

许多发展中国家的市场供应商似乎都陷入了债务陷阱。一个典型的情景是，一个勤劳的女人每天都来市场卖蔬菜。天刚亮她就来了，向放贷者借 20 美元买入当天的货物。销售了所有产品后，她能收入 30 美元。晚上收摊时，放贷者来到她的摊位，收取 22 美元。明天、后天以及大后天，这样的情景一天天重复下去。

使用简单的数据表就能清晰地描绘出该情境。蔬菜销售商每天支付 2 美元作为利息，也就是利润的 20%。如果她一天能省下几美分，第二天就能少借一点，经过一段（很短的）时间，她就能摆脱债务，而且她每天都可以把额外的 2 美元装进自己的口袋里，或者是投入到生产率高的商业活动中。这样，这些钱就可以变得更多。

为什么还清债务（或不借债）并进行储蓄如此困难？从行为科学研究的观点出发，有一个可能的解决办法：也许时机是关键。在 106
通常的情况下，储蓄是人们最后才考虑的；一旦人们获得了收入，放贷者就会马上赶来向他们索要还款。下一个考虑的是生活费用。最后才是储蓄（如果此时还有盈余的话）。相反，如果优先考虑的是储蓄，那会怎样呢？

来自印度金融和管理研究学会（India's Institute for Finance and Management Research，IFMR）的宾杜·阿南思（Bindu Ananth）、哈佛大学的塞德希尔·穆来纳森，以及 42 行为设计创意实验室的皮尤什·坦提亚（Piyush Tantia）想找出答案。他们首先要找到一个行业，在该行业中，货款通常是一次性全部付清的，这样其中的一部分收入就可以转化为储蓄，最终他们聚焦于甘蔗生产业。然后，他们设计了从贷款到储蓄（credit-to-savings）的干预措施：以农民为目标客户，他们发放贷款作为农民的生产投入，为制成品安排买家，并设立一笔单独的款项以支付下一个生产周期的投入，偿还贷款和储蓄。在几轮种植和销售之后，农民不仅可以建立起可持续的生意，还能还清债务。

每个人都很满意这个计划，他们着手寻找合作机构来开展试点工作。他们确定了由农产品供应商和买家以及当地的金融服务组织

Sahastradhara KGFS 来提供贷款。然而，当他们即将正式开展试点工作时，有一个买家变得犹豫不决。研究者发现自己陷入了困境：他们已经确定了研究问题，招募了合作伙伴，投入了时间和资源来制订计划，也获得了研究资助，他们不想放弃这个研究。

（似乎）幸运的是，IFMR 的一位研究者想到了解决方案。他最近认识一个家禽供应公司，专卖小鸡给饲养者以饲养成肉鸡。这些鸡是专用的品种（Kuroiler），它的饲养成本非常低——这种鸡不仅
107 会觅食，而且即使没有悉心的照料也能成长为成年鸡，这是非常吸引人的特征，因为许多客户在饲养家禽方面都没有太多的经验。Kuroiler 的成长速度也比大多数品种的鸡要快，只需要四个星期就可以从小鸡长到可用于销售的鸡。

这看起来是很好的交易：与甘蔗一样，是有规律的且可重复的生长周期——从小鸡和鸡笼开始，添加饲料和水，最后出售成年鸡。而且家禽分销商同意以一个固定的价格购买发育完全的成年鸡，所以研究者修改计划，用家禽代替农产品，并开始执行。

研究设计

最终的干预措施被称为家禽贷款。它的运作如下：第一天，客户收到 Sahastradhara KGFS 的贷款，并购买鸡笼和 12 只 Kuroiler 小鸡；两周后他们收到第二笔贷款来购买饲料和第二组小鸡；四周后

产能提升就完成了——第一天购买的小鸡将发育完全。在那之后的每两周，客户都会开始一个新的循环，出售他们的成年鸡（每只约 2 美元）给分销商。如何分配获得的收益？他们可以还款给 Sahastradhara KGFS；购买新的小鸡（每只约 1 美元）和额外的饲料；另外还能带回家一些现金。在八个这样的周期后，客户就能偿还完全部贷款，从而没有债务牵累地拥有他们自己的家禽生意。

尽管家禽贷款听起来像简单的信用贷款，但它里面包含储蓄的成分。它对客户征收的利率是 20%，但在这背后，Sahastradhara KGFS 仅收取 15%的利率，额外的 5%将会被转移到一个个人储蓄账户。在他们完成 10 个周期后，累积的储蓄（约 30 美元）将被释放，
这样就给了客户一笔钱来购买更多的小鸡（如果他们想这么做的 108
话），而不需要借贷。

在这么多主体（供应商、分销商、信贷机构、农民、鸡）的参与下，研究者想知道家禽贷款能否起作用。通过宣传和推广活动，研究者招募了 50 个参与者，他们愿意进行试点，尝试家禽饲养。试点阶段不包括影响评估，试点只是想要检验项目在操作上是否切实可行。如果试点取得成功，研究者计划通过 Sahastradhara KGFS 的全国分支网络扩大规模。直到那时，他们才会考虑这项研究是否大到足以检验家禽贷款对客户的储蓄、借贷、收入等的影响。

执行计划

执行中最关键的环节在于两周一次的循环周转日，这发生在大多数的活动被执行后。考虑到周转日要进行许多交易（众多客户收取钱款以购买鸡笼、饲料和鸡；拿出成年鸡以供出售；偿还贷款），而这些可以被简单安排为一整天的活动。（没有人在意这样的选择。）在从印度北阿坎德邦（Uttarakhand）外的山区农村选取的参与者中，一些客户离最近的银行分行也有几个小时的车程，他们不想花费一整天的时间往返于一个遥远的会议地点。他们也不想让刚买的小鸡经受残酷颠簸的运输，且途中只有有限的食物和水。

为了尽量减少不便，研究者制订了一个计划——使用流动的卡
109 车。在循环周转的那几天，卡车将满载着幼鸡和饲料来到村庄，同行的还有一位经销商的代表，他同时也被 Sahastradhara KGFS 授权收取贷款。在每个村庄附近有一个预定的集合点，当地客户会来到卡车这里和他们做生意。这样，客户无须在路途上耗费时间；家禽的买家也能避免 Sahastradhara KGFS 的员工来收款的麻烦；鸡也不必被塞进布袋或客户的莎丽服[1]中忍受“长途旅行”。

他们计划在 2010 年 2 月进行试点，也就是该地区的旱季开始

① 印度妇女的传统民族服装。——译者注

时，研究者希望在全部的 10 个周期中道路都能保持畅通，以便卡车能抵达偏远乡村。

在实地中哪里出了错＋后果

向新的银行软件的复杂过渡把实验推迟到了 2010 年 7 月才进行，此时夏季风刚好来临。试点开展后，家禽供应链中的许多环节一个接一个地失败了。在非常短的时间（仅仅两个月不到）内，该项目就被迫放弃了。

第一个失败的环节是鸡本身。太多的鸡死亡：试点的农民发现仅有四分之三的鸡能存活下来，这要低于 Kuroiler 卖家吹捧的 90% 的存活率。在循环周转的那一天，农民可供销售的成年鸡就更少了。而那些成功存活到 50 天成熟期的鸡，大多数的体重也低于广告宣传的重量。

也许是卖 Kuroiler 小鸡的人对这种鸡夸下了海口，但执行中的失败也加剧了这一问题。卡车从未按计划到达客户的村庄；相反，它们只是停在最近的 Sahastradhara KGFS 分行外面等待客户到这里来。(事后的访谈并没有发现这个执行的关键因素如何或为何失败了。研究者已经在当地为卡车购买了保险。）客户必须行走一段距离，鸡也要忍受好几个小时的等待和颠簸运输，且途中没有食物或 110
水。在所有的可能原因中，这段距离的颠簸运输无疑也降低了鸡的存活率和体重。

更小但更重要的原因是鸡的个头矮小，这使客户与分销商的关系变得紧张。我们也完全可以理解，面对低于广告重量的鸡，分销商不愿支付之前同意的固定价格。所有这些原因加起来，让客户的处境变得艰难：在循环周转的那一天，客户拿着鸡过来，一些客户获得的每只鸡的收购价低于他们的预期，还有一些客户被完全拒绝了。随之而来的收入缺口意味着一些客户当时无法购买下个周期的饲料，或无法偿还全部贷款。

所有这些不幸的“多米诺骨牌”以非常快的速度倒下。到第四个周期，经历了两个产能提升的周期循环后，客户第二次销售鸡。但因为鸡的体重偏低，分销商拒绝了全部的鸡，并且取消了买鸡的承诺。供应链的这个关键环节断裂，Sahastradhara KGFS 迅速暂停了试点，至今它一直毫无进展。

什么是失败？

首先我们应该弄清楚一件事：严格地说，这个案例**不是**失败。它实际上是一个极好的例子，一个恰当的试点！Sahastradhara KGFS 是明智的，只用**五十**个参与者检验家禽贷款，而不是立即作为一项零售产品全面推广。这样就给了它在小样本环境下解决问题的机会。也就是说，即使是有限规模的试点失败也是值得讨论的，这全都与

研究背景设置相关。

第一，在项目执行的前期，Sahastradhara KGFS 出乎意料的过
长的软件更新时间导致了**时机**问题。把项目开展时间从 2 月推迟到 7
月初，这意味着他们错过了旱季，反而赶上了雨季。每天的倾盆大 111
雨让一切变得更加困难：建造鸡笼，防止饲料被雨水冲走，在泥泞
不堪（或满是泥浆）的道路上驾驶笨重的卡车去农村，在室外见面
交易。

第二，干预措施的复杂性使得立即执行具有挑战性。家禽贷款的每一个组成部分（小额贷款、“小型养鸡场”类型的企业产品、分销商和买家的供应链）是相互依存的，所以任何一个环节的失败都会（也确实会）导致后面所有环节的失败。这其中每一个环节都不是全新的，但养鸡场和供应链对于 Sahastradhara KGFS 而言是全新的。考虑到它缺乏经验，对于研究而言，家禽贷款还是一个**不成熟的产品**。（在这里，我们再次向他们以及研究者致敬，因为这些研究者先进行试点，而不是急于开展全面的实验。）

第三，要回到故事的开始，在想到家禽贷款这个主意之前。研究者观察到一个问题（市场供应商陷入债务陷阱），想出可能的解决方案（这种新型贷款既具有商业成分，又有帮助借款人还清债务的储蓄成分），再设置背景环境来执行他们的解决方案（甘蔗农业），并申请研究经费拨款。当甘蔗计划未能成功时，他们发现自己已经进退维艰：承诺的资金、投入到计划中的时间和资源、资助者宣告最后期限的临近，但是，他们还没有任何可展示的成果。他们**没有**

认清这些沉没成本，而是试图寻找另一条出路，匆忙地、齐心协力地推动家禽贷款产品。

得到的经验教训+补救方法

正如我们所讨论的许多案例，这里的第一个经验教训是应该做
112 更多、更细致的事前检验。对于家禽贷款这样复杂的干预措施，最好进行一系列独立的、有重点的前期试点。例如，如果在进行 50 个客户的试点之前，研究者就找了更少的一组人来仅仅饲养 Kuroiler 鸡（既不涉及贷款，也不涉及融资），也许就能暴露出低于广告宣传的存活率和把鸡养到 1 千克这一目标体重的困难。他们也可以提前用几周时间来观察家禽买家，看他们购买大小不同的鸡的意愿。

此处更深刻的经验教训（来自行为心理学和前景理论）是注意亏损框架，特别是在不利处境下更要小心行事。这个案例中就存在两个相关的例子：时机以及危急时刻用家禽替换甘蔗。

把研究安排在旱季是一个深思熟虑的（而明智的！）选择。然而，意外的软件更新问题阻碍了计划，使得研究团队处于不利的处境：我们即将错过稍纵即逝的好机会，我们该怎么办呢？正确的决定可能是等待，即使这意味着要推迟几个月，要重新把外勤人员从一个项目安排到另一个地方，等等。当然，相对于天气实际破坏研究的可能性，我们应该权衡这种延误和操作问题的真实成本。重点

不在于他们做出了错误的选择，而在于他们的判断很可能受到了自己所处环境的影响。处于不利处境的人倾向于选择风险更大的行为——在这个案例中就是不管天气如何，继续进行研究。

类似的解释也适用于最初仓促地设计家禽贷款产品。当研究者确定了一个想法，已经获得了经费，并且部分经费已使用，实地中的项目团队也准备好了，最初甘蔗项目的失败也导致了类似的不利处境：我们将失去学习的机会，错过这项经费，让我们的投资人失 *113*
望；我们能做些什么呢？从这个立场看，几乎任何承诺拯救原计划核心框架的替代选择看起来都一定是有吸引力的，因此研究者把甘蔗换成了家禽。

除了等待时机外，另一个选择（无疑也让人担心）是与资助者商谈，要求延期，去寻找一个新的项目地点，或对经费进行调整。再一次强调，我们并不认为研究者做了错误的选择，而是指出任何人在他们的位置上做决策时都将面临的挑战。

第十章

结合儿童健康和商务培训的信贷

114 任何事情都不同于简要的探讨。

研究背景+研究动机

借助小额信贷给人们提供培训或教育是一个非常吸引人的提议，这种方法有很多优点。首先，这也许能为贷款机构带来商业利益：金融知识或创业培训可以帮助借款人更成功地经营企业，提高他们偿还贷款的概率。其他类型的培训也可以直接影响盈亏。例如，健康或卫生教育可以降低客户及其家人的患病率，这意味着请假误工的次数更少，还意味着更可能准时还款。

其次，财务安全或健康方面（本身就是有价值的目标）的教育本身就可能使人们生活得更好，这也许对于任务驱动型小额信贷机构或联合资助者（aligned funders）更有吸引力。

最后，从社会角度来看，把教育与小额贷款结合起来可能是一
种更有效的选择（相比于单独提供这些服务），因为它能利用小额信 115
贷机构已有的基础设施和激励。我们通常很难定期召集居民聚集数小时之久。然而，小额团体贷款组织常常能做到这一点，它们定期召集客户开还款会议。因此，小额贷款可以作为一个很好的渠道来为其他目的召集大家。（这里自然有一个权衡取舍。给小额贷款附加额外的服务，意味着仅提供这些服务给借款人，而不是提供给更广泛的群体。）

某小额信贷机构（microfinance institution，MFI）提供了一个机会让我们认清这种权衡取舍。大约在 2000 年，它就开始为它的客户提供教育培训——以贫困妇女为基础开展主题为婴儿/儿童健康知识的培训和商务培训。它改编的教材来自总部位于美国的国际非营利组织，该组织开发的培训课程已经被用于许多发展中国家。它仔细调整教材以适应客户，例如改变角色的名称，用当地非常受欢迎的甜品来替代原文中的冰沙，因为很少有客户知道冰沙这种饮料。

定制的教材准备好后，小额信贷机构开始在大约一半的分行中执行该项目，使用“整合模型”（integrated model），也就是信贷员在每周的还款会议上开展培训。分行的客户和那些受过培训的人都在调查中对新项目给予了正面的评价。到 2003 年，小额信贷机构考虑把结合教育的贷款扩大到余下的所有分行。但仍有几个重要的未解决难题：教育对客户的生意和健康状况的影响有多大呢？提供教

育能吸引新客户吗，或能使现有客户停留更长时间吗，或两者都有？116 客户会与家人和朋友分享他们学到的东西，并因此（间接）扩大项目的延伸范围吗？进一步的扩张让我们有机会严格检验这些问题，MFI与世界银行的泽维尔·吉内（Xavier Giné）和迪恩·卡尔兰对此展开了评估。

研究设计

MFI和研究者构思了一个随机化控制实验来对比商务培训和健康培训。他们选定了12个银行分行，覆盖680个借款团体，每个团体包含约30个客户。他们把这些团体随机分配到实验组（接受商务培训、健康培训）或控制组（没有培训）。

随机化控制实验的一个优点是，只要样本规模足够大（正如在这个案例中），随机分配通常可生成平均相似的实验组和控制组。[理想情况是在开始时能有**一些**人口统计数据（即使不是完整的家庭调查）来验证在基本可观测的特征水平上随机化确实平衡了各组的基本情况。] 因此全面的基线调查就不是必需的，但是有限的基线调查数据可能会限制研究者可以使用的检验类型。研究者仍然可以回答在什么情况下这个项目更能发挥作用，例如，在年长者还是年轻人中，或那些受过更多教育的人还是受过更少教育的人中，或那些有屋顶的人还是没有屋顶的人（没有屋顶代表贫穷，但一定要核实屋顶是何时建造的）中。但研究者无法回答该项目是否对那些更快乐的人或那些在家庭中有更大权力的人起更大的作用，因为这类问题都是回访中最难问的。

因此，在研究开展时研究者并没有进行完整的基线调查。除了
一些监督实验协议的资金以及配合小额信贷机构管理团队的执行经
费之外，研究者事先并没有获得资助的研究经费。他们计划使用实 117
验中的监督结果来向资助者证明他们可以“便宜地”买到一项研究，
因为实验已经开展了，所需的仅是一个跟进调查。虽然在预备工作
中项目规划是最容易的，但是，这种情况也不少见：要有足够的钱
来开展项目，因为我们都知道低风险、高回报的投资机会更容易获
得资助。

金融知识课程和健康课程的长度大致相同，并且内容都是相当广泛的：商务培训有 40 个模块，健康培训有 42 个。商务培训包括规划、资金管理和如何提高销售业绩；健康培训是明确针对母亲的，主要集中于婴儿和儿童保健，以及计划生育。贷款工作人员会在他们小组的每周还款会议上进行培训。

为了评估培训对客户的影响，他们计划追踪多方面的行为结果。他们可以利用个人财务的行政管理数据：贷款还款率、申请的贷款规模、储蓄余额和以贷还贷的保留额。为了探究客户是否从培训中学到了重要的经验，他们设计了底线调查来询问经营状况（包括收入，如记账等流程的使用情况，以及余额）和健康状况（如孩子的体重和腹泻的频率）。

执行计划

为了减少小额信贷机构员工的困惑和减轻他们的负担，在安排
118 随机化控制实验时每个信贷员只需进行一类培训。每个典型的信贷员要处理 12 个借款团体，其中 4 个将被分配给控制组，其余 8 个将被分配给商务培训或者健康知识培训。为了做好充分的准备，信贷员完成了四天的密集培训课程——涵盖了课程内容和教学方法，因为大多数信贷员在教学上都是新手。

商务课程和健康课程的密集培训要进行三次，并且交错排开，这样当信贷员参加培训时分行经理就可以顶替他们的工作。密集培训持续开展了两个月，信贷员在他们日程安排允许的情况下去参加培训。

一旦信贷员完成了四天的课程，他就随时可以开始培训被分配给他的借款团体。因为涉及的教材很多，所以培训时间表有很大的灵活性：我们知道一些会议最终会被用于其他活动，比如发放和收回贷款、追踪欠款等等，每个团体都有 12～13 个月的时间（即 50 多个周例会）去完成被分配给他们的 40 或 42 个模块的课程。信贷员可以自行决定跳过几周不开展培训。

研究小组主要在研究开始和结束时出现。他们完成了前期设计，并计划在夏天进行实地访问时作为中期审查，再监督底线调查

和数据分析。然而，与本书所讨论的大多数其他研究相比，在实验进行阶段的日常实地操作中他们起到的作用很小。需要指出的是，这是妥协后的结果：研究者想要雇用额外的工作人员来协助监督，但被 MFI 的管理团队拒绝了，因为它认为在研究执行的环境中这会
带来不稳定的安全问题。它不希望因随访研究者的安全保障问题给 119
它带来额外的负担，并且它有信心可以执行好自己的任务。

在实地中哪里出了错十后果

研究在当年 3 月按计划开展，信贷员参加了四天的密集培训后开始为借款团体提供培训。但是因为一个与研究不相关的决策，这个时间段比预期的更为繁忙，MFI 改变了长期以来的政策：为了使客户更容易获得贷款，MFI 把初次借款人的入门指导课程时长从 24 个小时减少到 8 个小时。对于新客户而言这意味着更少的麻烦，但是，这也意味着信贷员可用于让新客户明白每周参加会议和按时还款的重要性的时间更少。

政策变动后，还款率大幅下降。我们无法肯定地说这个下降是否是**由于**政策变动，因为整个过程中有无数的原因会导致还款率下降；但是 MFI 的管理团队根据它的经验将这种下降归因于政策变化与它积极扩大客户群的努力。降低的还款率意味着信贷员必须在会议上花费更多的时间来追讨欠款和劝告他们的组员，这都有可能挤

占健康知识培训和商务培训的时间。

尽管如此，关于研究和教育部分的所有报告结果都是正面的：每件事都按计划进行。然而没有监督数据证实这一点，没有 IPA 的全职工作人员在现场与 MFI 的工作人员一起工作，观察他们在与管理团队的谈话中发生了什么。所以，研究者招了一位暑期实习生进
120 行实地审查，他叫纳撒内尔·戈德堡（Nathanael Goldberg，后来全职加入 IPA，现在主要从事社会保障工作）。纳撒内尔在仲夏加入项目，此时研究大约开展了四个月。在忙碌的三周内，他来回穿梭于研究区域，观察 34 个被分配到实验组的借款团体的会议。

他发现许多团体的培训进度都远远落后于预期。一些信贷员任意使用对培训日程的自由裁量权；他们从一开始就跳过培训的规定门槛。如果要在 50 次会议中完成 40 个模块，他们应该在 80%的会议上进行培训。也就是每天应该有 80%的团体会议安排培训。但是，他审查项目时正在进行第 34 次会议，此时只进行了 22 次培训。（甚至这个数字也已经被夸大了，因为有时纳撒内尔发现他本来要参加的会议根本没开，他必须临时改变路线。）在 22 个开展了培训的会议中，处于中位数的组也只进行到第四个模块（全部课程的十分之一），尽管项目执行期已经过去了十分之三。

在实验方面，这相当于一个被稀释的干预措施：被分配给实验组接受培训的团体中，只有一部分人实际上接受了培训，而且培训强度往往比计划的更低。这削弱了研究在统计上的效力（就是根据研究规模，验证实验影响所需的合理样本大小），但是不至于使其完

全失效。坦率地说，如果这种稀释是小额信贷组织**实际**开展培训时的典型事实，它可以更精确地度量人们期望看到的影响。以下两种问法是有区别的：“培训所带来的影响是什么？”和“当小额信贷组织在兼顾许多相互矛盾的责任和义务时提供培训，此时培训所带来的影响是什么？”含蓄地说，第二个问题也许是与政策更相关的问 121
题。如果它更贴切地反映了执行的现实情况，那么像这样有缺陷地继续开展培训实际上可能是适当的。

然而，实地审查后发现了一个更严重的问题。研究团队听说一些信贷员对被分配到控制组的借款团体也进行了培训——这个现象被称为“污染”。这是纳撒内尔观察到的被稀释的另一面，这同样降低了研究的统计效力。但是，对控制组“污染”的妥协与实验组不充足的训练，这两者在方式上是非“本质”的。这两个问题都是令人担忧的，团队也着手对此进行了调查。负责贷款教育项目的工作人员对实地中的借款团体进行了广泛审查，并把原始数据发送给研究者。

他们看到的情况证实了他们的担忧。实验组和控制组的区分几乎被完全忽视了。在被分配到实验组接受健康培训或商务培训的借款团体中，只有大约一半的人实际上获得了培训；剩下的另一半不应该接受任何培训的借款团体却获得了健康培训或商务培训。实验组和控制组基本上没有什么区别了。这项研究已经结束。得出有效结果的希望是如此渺茫，以致每个人都同意放弃该项目。不过，有一个很小的安慰，那就是：因为没有进行基线调查，从预算的角度来看没有太大损失。

什么是失败？

为什么实验组和控制组的分配被忽视了？直接原因是参与这
122 项研究的一线员工面临**相互矛盾的优先事项**。考虑到小额信贷机构自身的首要任务，小额信贷机构的管理人员有充分的理由去关注客户的还款；他们也鼓励信贷员关注还款情况。在遇到困难的时候，他们会优先考虑他们的核心工作（发放和收回贷款），而不是新的额外工作（进行教育培训）。MFI 决定把新客户的入门指导从 24 个小时缩短到 8 个小时，这可能会恶化这种紧张关系。正如之前所提到的，我们不能肯定地说这两者是有因果联系的，但还款率达到了多年来的最低水平，信贷员发现偿还危机已经让他们忙不过来了，而研究者却还期望他们去学习和推广一系列新业务。

根本的失败是长期以来人们都未发现这两个问题（应有的培训不足和对错误的客户进行培训）。如果信贷员更专注地投入到研究中，或管理者更警觉或者做得更好，如果在整个执行过程中都有专门的研究人员一直在实地监督和倡导，那么，他们也许能发现这些问题并及时解决它们。

得到的经验教训＋补救方法

虽然这个案例中的表面问题是“污染”，但不同于我们在本书中讨论的其他问题，研究者的实地调研揭露出一个常见的关键问题：研究项目只是小额信贷机构当前诸多活动中的一个，信贷员既不明白忠实遵守协议的重要性，也没有使研究项目优先于其他工作。若在实地中没有始终如一的捍卫者，研究项目就很容易被忽视。

除了相互矛盾的优先事项造成的挑战外，研究项目执行和实地
审查期间的正常员工流动意味着当纳撒内尔来审查时，一些负责提 123
供培训的信贷员已经被新员工取代了。当纳撒内尔到达时，他发现没有人向这些新员工简要介绍教育计划或培训方法。

这些都表明对研究进行更密切的监管是非常有必要的，并且需要研究人员去实地与合作伙伴一起工作，仔细监督执行的细节。但是，这很难安排。预算紧张，或合作伙伴可能坚持认为他们的员工可以自己执行，正如在这个案例中的小额信贷机构所坚持的。有时研究者也认为不需要这么做：“我们这里要做的并没有那么复杂。我们只是随机化产品中的一部分。”我们已经知道了这种观点通常是错误的（有时是以自己的惨痛经验为代价）。

有时也许确实能自动地执行研究，因而它不需要合作机构的执行就可以发生，甚至更理想的情形是，它可简化合作机构的操作。

（想象一下，例如，一个旨在影响存款和取款行为的干预措施，仅仅通过改变 ATM 菜单屏幕上选项的顺序或措辞，而不需要员工的持续参与即可生效!）如果这是可行的，那么这会是一个伟大的方案；但这仅是个特例，不是普遍情况。即使是看似简单的任务，通常也需要许多人的积极努力，对他们中的大多数人来说，我们的研究并不是他们当前（通常是全部的）任务中最重要的。如果我们想要坚持到底，考虑到这些限制，我们需要亲自动手，与合作伙伴的各级员工接洽，确保他们的注意力集中在研究上，并解释为什么且如何进行该研究，以及研究如何能帮助他们把自己的工作做得更好。

关于资金问题有两个注意点：

第一，研究者会试图依靠自己的努力去成功地设置项目，因为他们
124 知道如果环境设置成功了，他们就可以筹集资金来度量项目结果。依靠自己的努力去设置项目就已经使他们付出了高昂的代价；他们还犯了一个明显的错误，那就是没有给项目配备合适的支持人员去实地监督项目并每天与合作伙伴一起工作。我们已经从中总结了经验，吸取了教训。

第二，具有讽刺意味的是资金缺乏反而使失败没那么痛苦，因为没有资助资金被浪费在基线调查上。尽管我们可以从基线调查中了解到很多信息，但这仍然是一个重要的经验教训：当随机化控制实验的执行存在不确定性时，首先要证明实验本身是起作用的，然后再筹集资金进行底线调查。（由于基金通常会有漫长的拨款周期，对于短期实验这个建议可能不适用。）如果你确实采用了这种方法，就必须在实地中充分支持该项目以确保项目得以顺利实施。

第十一章

捆绑信贷和保险

要求的越多，得到的就越少。 125

研究背景十研究动机

每个人都可能面对意想不到的冲击。一场疾病就意味着要请病假并损失一个星期的工资，房屋或汽车被暴风雨损坏就意味着要支付维修费。这些是所有人都会遇到的不便；但对于穷人而言，他们仅有少量的财产和收入来帮助他们渡过这样的冲击，所以灾难的影响更严重。即使面临迫切的需求，他们手上也几乎没有多少闲置的资金，他们被迫面临痛苦的权衡取舍：你是要头上的屋顶还是桌子上的食物？是为你的孩子交手术费还是学费？

鉴于这种情况，健康保险就似乎是一种前景广阔的干预措施，

它能帮助穷人分散风险并平稳渡过冲击。但是在向发展中国家的穷人推广保险时面临两大障碍。首先，由于消费者对保险产品的有限
126 认识和理解、流动性约束和只关注当前突出需求而非长远健康的短视行为偏误，消费者对保险的需求通常很低。[1]较低的需求也可能反映出这是一个糟糕的产品：当保险覆盖的卫生服务质量很低时，保单对消费者而言就几乎没有吸引力。[2]其次，对逆向选择和道德风险的担忧会限制供应方提供的产品，市场上大多数的和主要的保险公司都只提供基本的“防篡改型”（tamper-proof）产品，如天气指数保单。

消除这两个障碍的一种可行方法是将保单与其他产品捆绑，以吸引那些目前不想买保险（但仍能受益于保险范围）的客户，从而为保险公司带来潜在的客户群。2006 年，麻省理工学院的学者阿比吉特·班纳吉（Abhijit Banerjee）和埃丝特·迪弗洛（Esther Duflo）、哈佛大学的理查德·霍恩贝克（Richard Hornbeck）、小额信贷公司 SKS（之后成为了印度最大的小额信贷机构）及保险公司 ICICI-Lombard 合作检验了这个理论，他们在 SKS 小额贷款的基础上捆绑了一个强制的健康保险。

研究设计

研究者设计了一个随机化控制实验，在 SKS 发放小额贷款的印

度村庄展开。在实验组的村庄中 SKS 对所有借款人强制引入一个捆绑的 ICICI-Lombard 基本健康保单。在控制组的村庄中 SKS 不提供任何健康保险。

一旦引入了捆绑的保单，首先，研究者要看的就是登记情况：在新政策下，有多少（以及哪些）SKS 客户会继续贷款呢？其次，研究者计划对比实验组和控制组村庄中客户的健康和卫生保健情况以及偿还贷款的表现。他们希望解答三个问题：当小额贷款与保险
捆绑后，是否有证据表明实验组的客户群中存在逆向选择行为？当 127
人们获得保险后，保险如何影响他们的投资决策？当他们生病的时候，保险如何影响他们的行为？

执行计划

合作机构同意分开进行提供保险的工作。ICICI-Lombard 负责后台处理、设计和签发保单。保险本身是简单的且保障范围十分有限，仅涵盖住院和分娩费用。保单成本通常约为 13 美元（精算的公平价格），保险费会被分摊到客户当前贷款的每周分期付款中。

SKS 同意处理所有面向客户的营销和管理工作：向借款人介绍该保单，管理初次登记，处理索赔和收取保险费。鉴于 SKS 当时的平均贷款规模（刚超过 200 美元）和它的现行利率（APR 约为 24%），从一个典型的客户角度看，增加 13 美元的保单成本相当于

把利率提高到了25%——这是非常大的变化，人们很快会明白。

在SKS已有贷款业务的村庄中，研究者与合作伙伴合作确定了201个符合条件的村庄。他们随机选择101个村庄为实验组，其余为控制组。SKS计划在2007年6月向实验组村庄的所有客户推广捆绑的保险。这意味着，保险不仅会被附加到全部的现有贷款中，还包括此后建立的任何新贷款。

为了顺利推广捆绑的保险，SKS在2006年12月到2007年3月
128 期间进行了启动前的教育宣传活动。SKS的员工向客户描述保单，提供支持的书面材料，播放视频向人们展示保单适用的可能场景以及如何进行索赔。

在实地中哪里出了错+后果

结果证明捆绑了保险的SKS小额贷款是很有问题的，在一天结束的时候没有足够的保险客户让研究者分析获得保险对其健康情况或财务表现的影响。在几个阶段都发生了这种情况。

首先，借款人讨厌强制的保险。那些已经有贷款的人，他们合理地认为已经锁定了价格和条款，现在却被迫要为他们从未要求过的保单支付额外的金钱，他们对此提出强烈抗议。为了应对激增的客户投诉，SKS迅速放松其强制购买保险条款：它决定仅对**新增的**贷款做此要求，而不是将保险附加到**全部现有的和新的**贷款上。关

于这一点，2007 年 6 月在实验组村庄中仍持有未偿贷款的 SKS 客户只有在他们付清当前贷款的余额并决定续借的情况下才会被要求购买保险。

很多客户不喜欢被迫购买保险，所以他们选择不续借 SKS 的贷款。在控制组的村庄中大约有十分之七的人进行续借；在强制捆绑保险的实验组村庄中，这一数字降至十分之五。

客户除了持续抱怨外，还有一些客户中途退出了，所以 SKS 进一步放松了保险规定：2008 年 10 月，他们宣布保险购买将完全自愿。此时，项目濒于失败。不仅客户很失望，而且 SKS 和 ICICI-
Lombard 之间的合作关系也更加紧张了，因为客户抱怨保险不如它 129
宣传的那样起作用。

的确，保险没有像它宣传的那样起作用。项目的最后一个问题是保单的执行。对于许多真正参与了该项目的客户，保险承诺从未兑现！有许多人注册并支付了保险费，但几乎没有人提出索赔，显然某个环节出现了严重的问题。跟进的采访证明：据说，投保的客户解释说他们从未收到保险卡片或其他类似保单的文件，工作人员也从未教他们如何填写索赔文件。（目前尚不清楚 SKS 的教育宣传活动为何遗漏了这些环节。）总而言之，这些人尽管购买了保险，却从未得到保险赔偿。

这些问题（在客户投诉后突然改变政策、贷款续借率下降以及行政管理的失误）完全改变了这个实验。最初的愿景是通过捆绑销售保险而产生投保的小额贷款客户群以供研究；实际结果是捆绑的保险让客户对小额贷款望而却步。因此，研究者不能如他们最初设想的那样去研究逆向选择或道德风险。

幸运的是，他们**确实**从这段经历中学到了一些东西，尽管这不是他们最初想要的。正如实际情况所示，强制保险就像是一个（随机应用的）“冲击”——导致实验组的客户贷款更少(与控制组的客户相比)。因此，研究也可被视为反向贷款影响的实验：通常的实验设计是实验组获得贷款，而控制组没有贷款，这个案例与通常的设计不同：事实上实验组获得了**更少**的贷款，而控制组获得了更多的贷款。然后，针对那些犹豫是否要贷款的人，研究者就可以估计贷款合同对他们的影响。

什么是失败？

130 表面的失败是随机化后**较低的参与度**。研究者已经投入了大量的时间和精力，确定了 201 个村庄，把每个村庄分配到实验组或控制组，并进行基线调查；但最终投保的客户样本太小了，不足以支持研究者对研究问题的稳健性检验。

更深层次的问题是**为什么**较低的参与度会成为一个问题。这是因为其中存在两点失败。第一，**有一个合作机构未能成功地掌握新技能**。正如那些不满意的客户在跟进采访中所说的，结果证明许多 SKS 信贷员是糟糕的保险推销员。一些人没有向客户解释保单的重要程序和细节；一些信贷员甚至没有登记客户的身份证和其他投保相关材料。

显然，该案例的一个关键在于需求方：出人意料的是大部分客户不想购买保险。但为什么这个事实会让大家感到意外呢？有关这个问题的答案以及这里的第二个失败可以追溯到项目的开端。在研究开始前，SKS的贷款从来没有捆绑过保险。那么，在**研究背景设置**方面，他们其实是在处理一个**不成熟的产品**。因为无论是保单本身，还是让所有借款人购买保险的强制要求，都是在摸索中前进的，他们并不确定客户会如何反应。如果他们有机会先观察市场上的捆绑产品（比如通过进行一个有限规模的前期试点），他们也许就能更现实地预期客户接受它的方式。

得到的经验教训十补救方法

从这个案例中得到的经验教训是：在开始一个完整的研究前，
先进行一个小型预先检验是非常有必要的。预先检验有时看似是不 131
必要的，尤其是当被检验的干预措施不是全新的时。（在本案例中，SKS和其他类似的小额贷款都已经被广泛使用；并且在印度农村地区，保险作为一个独立的产品即使不是非常普遍，也是为人熟悉的。）在项目周期方面，预先检验的最佳时间——明确定义干预措施和实验协议之后，但在实验开始执行之前——往往让人感觉是不合时宜的。在这个节骨眼上，研究者与合作伙伴都已经投入大量时间和资源制订了执行计划，并且兴奋地看到它被推出。添加一个步骤（可能导致这一计划被修订，也可能使大家都退回到起点）似乎在策略上是站不住脚的。

即便如此，试点仍是非常重要的。除非你能获得类似背景环境（类似环境下的一个类似研究或产品）下的数据，否则，预先检验或小规模试点就是最好的方法，即事先了解接受程度并揭示执行期间可能出现的操作上的问题。

这种预先检验可能会使合作机构产生质疑，并与研究者产生矛盾。假设在这个案例中有前期试点，它暴露了客户对保险的强烈抵触。在 SKS 的客户群中选取一个样本，在执行中肯定会遇到触及 SKS 核心利益的情况，例如激怒和失去固有的客户。SKS 的棘手问题将是："为了协助该研究以得到对我们和实地实验有价值的严格证据和知识，是否值得我们去（也许会）激怒客户和危害我们的业务？"

无论是否进行预先检验，我们都无法回避这个问题；当他们启动捆绑保险时，愤怒的客户会来到 SKS 的门口。在这种情况下，SKS 采取的措施——弱化强制的保险要求，仅针对新的贷款，并最
132 终使保险选项完全自愿化——也许确实是一种聪明的妥协。不幸的是它单方面做出这些决定，而没有咨询研究小组，可能也没有充分评估这对实验的潜在破坏。不知道发生了这样的政策变化，研究者就无法相应地改变研究设计。相反，他们只能整理碎片化的研究结

果，尽最大努力提取一些有趣的观点——正如他们最终成功做到的那样，分析贷款方法产生的逆向影响。

【注释】

[1] 在最近的文献综述中，Panda 等（2013）发现："在大多数低收入国家，医疗保险的普及率仍然很低。"

[2] 世界银行的一篇文章（Acharya et al，2013）回顾了 19 个有关发展中国家保险项目的研究。虽然几乎没有研究关注人们对保险的接受程度，但是作者指出了一些一般性的趋势，比如，提供的基础服务的质量会影响消费者对该项目的参与意愿。

结　论

133 关于实地研究中不应该做什么，我们已经讨论了很多。在结论和附录中，我们将转而对正面的问题“你**应该**如何进行实地研究呢”给出直接的答案（尽管我们到目前为止都并不打算写一本完整的入门指导），并提供一些额外的素材让读者了解更多细节。

首先，回顾一下第一部分的“箴言”。

箴言 1：**你应该充分理解背景和干预，这种干预显然应映射出似乎合理的理论变化。**思考你将在什么地方、什么时候、与谁一起开展实验。确保这些设置符合你想要检验的核心思想或理论。了解当地的环境：此时此地，你的实验在逻辑上可行吗？在可能的情况下尽可能地进行预先检验。要谨防在干预措施不成熟时就急于开展实地研究。

箴言 2：**除了重要的细节（比如调查设计、调查时机、样本大小和随机化）之外，你还应该关注技术。**

调查中间的每个问题都应该是有目的的。要注意，调查的许多
细微特性（比如答案选项的多少和问题的顺序）都可能影响结果。 134
被调查的对象（以及何时且如何进行调查）与你问的问题一样重要。
请再次检查实验设计、随机分配和样本选取的具体细节。

箴言 3：**你需要有执行意愿和执行能力的伙伴。**

实际参与研究几乎总是比合作伙伴最初想象的更困难。要确保合作伙伴明白将要发生什么。如果这项研究需要一些员工承担额外的或不同的职责，应确保他们都接受了培训并有足够的时间执行该任务。要获得所有执行人员（从高级管理人员到一线管理员和员工）的认同，也要知道什么时候该结束失败的合作关系。

箴言 4：**要仔细地收集数据。**

认真决策如何在你的调查中引入技术以及使用多少技术；在实地中密切管理调查的过程；认真培训并观察调查员；获得数据后坚持检查和审计数据；在问题越积越多之前，迅速解决调查中的问题或调查员的问题。

箴言 5：**你必须把项目执行者预测的参与度降低一半，甚至更多。**

不要假设人们会来报名参加项目或接受服务，**即使**他们看起来都应该报名。避免合作伙伴（或任何人）空口无凭的推测，无论何时都要尽可能地通过试点或其他方法来直接度量人们对干预措施的

需求。确保有足够的人能达到合格标准以便你能够得到需要的样本量。

除了以上箴言外还要注意：正如第二部分中的案例所示，在执行期间组织上的挑战（而不是实验设计或分析中的错误）通常是导
135 致研究失败的关键因素。近年来，关于研究项目的一系列操作管理（通常是关于研究设置和与合作机构的合作，就像本书中描述的一样）已经开始关注组织的特点，如管理流程和员工激励。这些研究旨在弄清楚如何改进这些方面以促进项目和服务的执行。这类研究是急需的，有助于在未来避免各类失败，不仅涉及研究评估，还包括简单的和复杂的项目执行。

除了少数的经验教训外，还有一些更一般的经验。2000 年初以来经济学中的随机化控制实验快速增长，该领域已经开始总结最佳的执行方案，并开发了一些基本工具以指导研究者和实践者进行研究。2008 年的论文《发展经济学研究中的随机化应用》（“Using Randomization in Development Economics Research：A Toolkit”）是最早的例子之一，作者是埃丝特·迪弗洛、雷切尔·葛兰纳斯特（麻省理工学院）和迈克尔·克雷默（Michael Kremer，哈佛大学）。据我们所知，最近葛兰纳斯特和塔克法拉夏（Glennerster and Takavarasha，2013）的著作《随机化评估操作：实用指南》是最全面的“指导”手册，且重点关注发展中国家。艾伦·格伯和唐纳德·格林（Alan Gerber and Donald Green，2012）有关**实地实验**的研究同样很全面，他们更关注政治科学的例子，对经验教训的总结更一般化。最后，

J-PAL 网站中还包括了来自 J-PAL 和 IPA 的最新资源，主题涵盖了变化的理论和数据管理。

然而，对于那些想要成为实地研究者的人而言，目前仍没有标准的实践课程，因为这已经超出了技术方面，但这也是学者们经常关注的。实验室内的科学家们（即使只有本科水平）都受过专业培训——如何使用烧杯和检验试管，如何校准度量设备，如何准确记录和报告数据。目前，大多数经济学项目的课程安排中都不包含实 136
地研究方法课程——没有必修的培训课教学生如何处理调查数据，如何试点等。虽然本书不能替代这种课程，但是下文的检查清单列出了我们已经得到的一些基本经验教训，以便教人们如何在实地中开展实验以解决社会科学问题。

检查清单中包含的工作步骤从项目前期开始：确保设置是正确的，预算是合理的，员工是可信赖的，受访者协议是可靠的，并且有清晰且合理的理论来解释发生的变化。对于大多数项目而言，一旦与合作伙伴建立合作，谅解备忘录可以在很大程度上帮助每个人了解他们的工作内容以及权利。这通常是不具约束力的，因为对于违约者没有惩罚，但这仍是一个有用的方法，它能明确每个人都同意做什么。此外，有一个很小但很重要的注意点是：此时也能明确研究者拥有报告结果（不管结果是什么）的自由。（研究者有时会签字放弃署名的权利，这是没问题的，但应该不会签字放弃报告经验教训的权利，因为这样做有时会限制该领域内大家的相互学习，且更自私的是这会损害研究者的其他报告的可信度。）我们还要仔细检查调查设计和执行中的每个步骤以及项目管理中的日常问题。

对于有兴趣深度挖掘的读者，如果你想要成为实地研究者或要与实地研究者合作，我们强烈建议你进一步阅读相关文献，在 IPA 的网站上可以找到推荐的阅读清单：http://www.poverty-action.org/karlanappel_failedresearchprojects。

附录中有意省略了经济学家和社会学家平时在研究生院中能够学到的主题。例如：有一个特定的可检验理论，仔细计算指数，慎
137 重考虑其他可能的因果机制，认真考虑度量方式，包括梳理机制的方法。

最后且显而易见的告诫是：这个检查清单并非详尽。除了我们这里提到的失败外，还有很多种途径会导致失败，有许多是我们已经知道的，还有更多是尚未被发现的。正如引言中所提到的，所有研究者都会经历失败。我们能期待的最好结果是减少由于可预见的或可避免的原因导致的失败。巴尔基金会（Barr Foundation）主席吉姆·卡纳莱斯（Jim Canales）曾表示："这不仅仅是避免做无谓的重复劳动。我们要确保我们不犯同样的错误。"[1]

我们鼓励所有不够完美的读者加入我们来共同阐述失败，正如我们在这里分享的那样。我们与世界银行的戴维·麦肯齐和伯克·厄兹莱尔合作，已经在世界银行有关发展的博客上发布了一系列文章。其他人也可以上传他们的故事。如果有足够多的人做到这一点，我们打算将它独立出来，成立一个专门的博客，让研究者们的失败永远警醒世人（甚至对于互相竞争的"同行"）。请帮助我们以及所

有的研究者——通过分享自己生动的失败经历来使每个人都获得经验。

【注释】

[1] 在 Foster (2007) 中被引用。

附　录

避免失败的备忘录

项目前期规划与准备

138 ■ **确认你的假设：**根据关注的群体和/或描述性数据来检查你的假设。不要依赖第三方数据，除非你非常自信。

■ **预算：**做好全面预算，包含项目的每个阶段。

■ **招募和聘用研究助理：**研究助理除了要有专业技术和技能之外，还需要：

● 心理成熟，有应对挑战性环境的能力，能自如应对日程安排和计划的变动；

● 在项目开展的国家或地区有丰富的经验，或者如果可能的话至少在一些发展中国家有相关的经验；

● 需要管理技能以支持调查员和其他实地工作人员；

● 良好的沟通能力，能与合作伙伴保持融洽的关系，并能定期 139
且快速地将**正确**的（没有夸大其辞的）信息传递给研究小组。

■ **人类被试者**：涉及被试者的任何研究都需要获得官方许可，所以要完成一些必要的步骤来准备并得到批准。

■ **认证**：确保所有研究人员完成美国国家卫生研究院（National Institutes of Health）的免费官方课程。[1]

■ **机构审查委员会（institutional review board，IRB）批准**：提交你的申请，得到批准，并按照你描述的计划开展研究，包括：

● 数据保密；

● 被试者知情同意书。

■ **清晰定义度量结果的指标**：既然在许多影响评估中"接受程度"是关键因素，那么，就要确保它的定义明确。例如，在对储蓄的研究中，我们已经看到很多人开了账户，但很少有人继续使用它们。接受程度仅仅是开账户（更容易跟踪）或是使用账户（更难追踪）吗?

■ **如果有必要的话进行试点**：如果你的干预措施包含对合作机构"常规"操作的任何调整，试点就是明智之举。尽可能地与合作机构开展试点，像开展正式研究一样与相关员工一起使用相关系统进行试点，这会有助于顺利开展研究，并帮助这些利益相关者了解评估过程。

与合作机构合作

■ **谅解备忘录**（memorandum of understanding，MOU）：创建一
140 个文档，记录在实验中合作的主要利益相关者之间的协议。MOU 至少应明确阐述：

- 各方的角色和职责；
- 明确实验的处理和控制；
- 样本框架；
- 时间安排；
- 分享调查结果的权利。（尽管这不是本书的主题，但是当研究中的一部分被禁止公开时，其他研究者会开始对此投以怀疑的眼光。不要放弃你想要发表研究结果的权利，因为这会损害余下的部分。）

在我们的经验中，MOU 并不是具有实际法律约束力的文件。它真正的功能是推动各方开展工作并明确各方同意工作计划。因此，MOU 不应该充满法律术语，而要用平实且清晰的语言，正确描述重要的事情。

■ **理解动机**：阐明这项研究为合作机构带来的利益。合作机构将如何从中受益？将它们的需求纳入研究和调查的设计中，这是有价值的，并能保持紧密的联系，反过来也有助于确保它们一直积极地参与其中。

● 寻找合适的合作机构，它们不仅真正想要知道它们的项目**是否**以及**如何**起作用，而且愿意倾听该项目的缺点。如果结果是令人沮丧的，那些只想要寻求“批准盖章”的合作机构就可能会变得难以继续合作。

■ **全面支持**：在项目执行中对项目的社会化和培训的支持贯穿于整个合作机构：从领导到分行、诊所、办事处和实验发生地等的
一线员工。仅有当地支持而没有总部支持的项目很少能取得成功； *141*
而**仅有**总部支持的项目也无法取得成功。

调　查

■ **选择合适的形式**：电脑辅助访问（computer-assisted interviewing，CAI）与书面形式对比。

● CAI 可以大幅降低调查员出错的风险，在对调查进行编程的过程中可以加入防护措施，比如逻辑检查和预编的跳过模式。

● 在后续调查中 CAI 可以使预先填充数据（如家庭名单）变得很容易。

● CAI 可以对数据进行实时编码，所以在整个数据收集阶段都可以进行高频的诊断检查。这使研究者能在尚有时间调整时发现数据中的问题。

● CAI 的相关成本也是显著的：选择正确的设备和编程软件，

对调查进行编程和调试，使用电子设备培训调查员。

● 为了有效利用 CAI 的全部好处，需要在项目开展前做好充分的准备工作，初步检验实验工具并编写 .do 文件来执行必要的检查且准备数据以供分析。从本质上讲，这意味着改变了典型的调查工作流程，也就是要在数据收集之前完成大部分工作。如果你选择使
142 用 CAI，你的计划应该考虑工作量的这种变化。（在选择数据收集方法的指导中，IPA 详细地考虑了所有这些问题。）

■ **翻译**

● 使用其他语言进行的任何调查（不同于最初编写调查时的语言）问题都应该被独立翻译并**独立回译**以确保该问题保持其原意。

● 创建字典，确定特定关键字/词的翻译将有助于提高一致性并减少与翻译偏差有关的噪声。

■ **对你的调查进行试点**

● 根据调查的特点，你可能想要在正式开展调查前进行最多三轮试点：

◆ 第一轮：检验在该背景设置下过去没有被问过的问题；

◆ 第二轮：如果进行调查时的语言不是最初编写调查的语言，对翻译后的整个调查进行试点；

◆ 第三轮：如果调查是电子的，试点完整的调查程序。

● 不要在研究地区进行试点，要找高度相似的附近地区。

■ **对比**：事先考虑你想要用你的结果去对比的其他结果。得到你想要对比的调查说明，并在可能的情况下使用类似的语言或问题。

但不要重复进行草率的工作：要批判性地思考每一个问题。

■ **调查员培训** 143

● 为一个典型的家庭调查至少分配五天，包括教室和实地实践(但不是在研究地区进行)。

● 默认规则应该是调查员不能向受访者提示答案。此外，要明确该项规则的例外情况。

● 创建一个调查员手册：一个带注释版本的调查手册上应包含给予调查员的所有额外说明。

■ **执行一项调查**

● 在实地中开展：在开展调查之前，安排时间观察在实地中工作的调查员。两种常见的方法是：

◆ 在非研究地区检验调查的执行：在非研究地区进行几天调查，在调查员工作时认真观察，并仔细检查他们的结果。与所有调查员沟通，告诉他们这份工作存在很高的风险，因为表现不佳的调查员会被开除（为了应对这个可能性，所以要培训和准备更多的调查员，数量要多于实际的需求)。

◆ 虚假的启动：调查的第一天应该是在非研究地区模拟开展调查（调查团队应该认为这是真实的启动)。在这一天结束的时候，听取调查组的汇报并分享经验教训——哪些部分顺利或哪些部分不顺利等等。要注意的是如果你在多个项目中与相同的调查员合作，这种方法也许就是不可行的。你只能欺骗调查员一次。

● 创建和使用调查追踪表，记录由谁在什么时间调查了某个人 144

或家庭，由谁进行监督，等等。

■ **质量控制**

● **现场监督：** 尽可能多地与调查员一起去实地工作，尤其是在实地工作刚开始时。至少监督每个调查员完成一个（或更多）完整的调查，以确保他理解实验说明并能正确地执行。这些随访使你能够在数据收集的早期过程发现错误，并把它们作为整个团队的经验教训。

● **随机抽查：** 在整个数据收集阶段进行突击检查，观察调查员在工作中的状况。研究者的日程安排往往让他们无法每天都在实地进行监督，但监督整个团队仍然很重要。最好是随机选择你要突击检查的对象和检查时间，这样你的检查才是不可预测的，调查员也无法为此提前做好准备。这能让你更准确地发现他们如何进行调查。

● **复查：** 回访随机选择的受访者并重新问特定的问题，以发现诸如调查员欺诈的问题，并确保关键结果度量的稳定性。IPA 建议至少对 10%的调查对象复查至少 10 个问题。要确保对每个调查员都进行同等数量的复查，这也是很重要的。

● **不断审查、编辑问卷，并进行高频的检查**（high frequency checks，HFCs）：在每天（或者，在一些案例中是每周）调查结束时
145 都应该检查所有新完成的调查是否完整、是否缺少字段或存在不一致的地方。

◆ 在使用纸笔收集数据的情况下，编辑或监督者会检查问卷中的错误和缺失字段的情况。

◆ 在使用 CAI 的情况下这个过程更加自动化。创建 .do 文件，在一天（或一周）结束时运行，检查传入的数据是否存在任何常见的错误。高频率的检查也可以被用于检测调查员的行为模式和表现。例如，如果一个调查员经常跳过一个特定部分以减少调查的时间，那么高频率的检查就可以发现这一点。对信息的详细审查和自动检查都可以与调查员的业绩挂钩从而激励调查员。

日常研究管理

■ 尽可能安排工作人员去实地。以详细审查和数据检查的形式进行持续监督确实能发现一些重要的错误，但仍然无法替代直接的观察。只要走出办公室、走进实地你就会发现或意识到你可能忽略的问题。

■ 进行详细的记录，包括：

● 如何识别你的样本；

● 如何进行随机化（保留准确的手稿！不要只是使用 Excel，最好是能够使用统计软件准确重现）；

● 每个人每天做了哪些工作； *146*

● 违规行为和实地中出现的问题。

■ 与合作机构共同制订监督计划，这样它们也知道预期将发生什么，并知道哪些指标将被跟踪。这可能也包括使用工具来监督项目或与员工沟通项目进展。

- 定期与所有合作机构分享相关的监督数据。

【注释】

[1] https://phrp.nihtraining.com/users/login.php (2015 年 4 月 17 日)。

致 谢

我们感谢赛思·迪奇克（Seth Ditchik）和匿名审稿人给予的非 *147*
常有用的意见和指导。也感谢珍妮·沃尔科维奇（Jenny Wolkowicki）、让·巴克（Jenn Backer）、亚历山大德里娅·伦纳德（Alexandria Leonard）、特雷莎·利乌（Theresa Liu）、朱莉·肖万（Julie Shawvan）和普林斯顿大学出版社的团队帮助我们抵达终点线。

我们感谢萨娜·卡恩（Sana Khan）在本书的早期阶段给予的帮助——在无数的失败经历中进行筛选，并帮助我们对它们进行分类，思考我们能从中学到什么。我们还要感谢一些研究者在本书的不同阶段的阅读、评论，并和我们一起进行头脑风暴，他们包括劳拉·费尔曼（Laura Fellman）、雷切尔·葛兰纳斯特、温迪·刘易斯（Wendy Lewis）、费丝·麦科利斯特（Faith McCollister）和梅甘·麦圭尔（Megan McGuire）。

为了描述书中各种失败故事的细节，我们感谢研究者和实验人员与我们（和世界）分享他们的故事，他们包括亨特·阿尔科特

(Hunt Allcott)、丹·卡茨（Dan Katz)、克里斯·布拉特曼、特里西娅·甘瓦、内森·普拉克（Nathan Paluck)、里克·霍恩贝克（Rick Hornbeck)、皮尤什·坦提亚（Piyush Tantia)、友子岳晃（Tomoko Harigaya)、纳撒内尔·戈德堡、塔福尼特·苏瑞（Tavneet Suri)、比利·杰克（Billy Jack)、雷切尔·利文森、阿伦·迪布纳·邓拉普(Aaron Dibner Dunlap)、马努基·莫哈南（Manoj Mohanan）和丽贝卡·桑顿（Rebecca Thornton)。我们也感谢参与研究的许多合作机
148 构，包括这里提到的以及未提到的。许多失败的研究都是执行者在执行中非常艰难的权衡取舍。

感谢雷切尔·葛兰纳斯特和克哉·塔克法拉夏的著作《随机化评估操作：实用指南》，这样我们在本书中就可以集中讨论不应该做什么，而推荐人们从那本书中学习应该做什么。

我们感谢戴维·麦肯齐和伯克·厄兹莱尔，他们创建并负责维护运营本书的网络平台（http://blogs.worldbank.org/impactevaluations/failure)，从而使更多的研究者分享他们的失败故事。也感谢IPA的海迪·林茨（Heidi Linz）和戴维·巴彻克（David Batcheck)，他们帮忙建立网站为人们提供可被引用的论文，并进一步促进实地中的失败的交流。

我们还要感谢许许多多的朋友、家人和同事，在此无法一一提及，感谢他们慷慨且建设性地与我们不断讨论失败——什么是失败，它们是如何发生的，以及如何从失败中学习。在这个项目上的进展让我们确认这确实是一个很普遍的话题，智慧来自四面八方。

迪恩感谢他的家庭，特别要感谢辛迪，他们的爱和支持让一切都变成可能。感谢几乎每年夏天都不间断的旅行。正如本书所强调的，这些远行中的大多数虽然并没有带来成功的研究，但仍有一些美好的时光，这是肯定的！

杰克感谢 MFA 的劳拉·菲尔莫尔（Laura Fillmore）——写作本书时最好的咨询顾问。同时，一如既往地感谢妈妈、爸爸、内奥米、朱莉和贝尔，他们一直给予我爱、关心和支持。除此以外，也感谢切尔西，他成功地克服并避免了所有的失败。

参考文献

Acharya, Arnab, Sukumar Vellakkal, Fiona Taylor, Edoardo Masset, Ambika Satija, Margaret Burke, and Shah Ebrahim. 2013. "The Impact of Health Insurance Schemes for the Informal Sector in Low-and Middle-Income Countries: A Systematic Review." Policy Research Working Papers. The World Bank. http://elibrary.worldbank.org/doi/book/10.1596/1813-9450-6324.

Allcott, Hunt. 2015. "Site Selection Bias in Program Evaluation." *Quarterly Journal of Economics* 130(3):1117—1165. doi: 10.1093/qje/qjv015.

Banerjee, A., E. Duflo, N. Goldberg, D. Karlan, R. Osei, W. Pariente, J. Shapiro, B. Thuysbaert, and C. Udry. 2015. "A Multifaceted Program Causes Lasting Progress for the Very Poor: Evidence from Six Countries." *Science* 348 (6236): 1260799. doi: 10.1126/science.1260799.

Banerjee, A. V., S. Cole, E. Duflo, and L. Linden. 2007. "Remedying

Education: Evidence from Two Randomized Experiments in India." *Quarterly Journal of Economics* 122 (3): 1235 - 1264. doi: 10.1162/qjec.122.3.1235.

Banerjee, Abhijit, Jordan Kyle, Benjamin A. Olken, Sudarno Sumarto, and Rema Hanna. 2015. "Tangible Information and Citizen Empowerment: Identification Cards and Food Subsidy Programs in Indonesia." National Bureau of Economic Research Working Paper # 20923. https://www.povertyactionlab.org/sites/default/files/publications/553%20ID%20Cards%20in%20Subsidy%20Program%20Nov2015.pdf.

Barrera-Osorio, Felipe, Marianne Bertrand, Leigh L. Linden, and Francisco Perez-Calle. 2011. "Improving the Design of Conditional Transfer Programs: Evidence from a Randomized Education Experiment in Colombia." *American Economic Journal: Applied Economics* 3 (2): 167 - 195. doi:10.1257/app.3.2.167.

Bruhn, Miriam, Gabriel Lara Ibarra, and David McKenzie. 2014. "The Minimal Impact of a Large-Scale Financial Education Program in Mexico City." *Journal of Development Economics* 108 (May): 184 - 189. doi: 10.1016/j.jdeveco.2014.02.009.

Camerer, Colin F., Robin M. Hogarth, David V. Budescu, and Catherine Eckel. 1999. "The Effects of Financial Incentives in Experiments: A Review and Capital-Labor-Production Framework." In

Elicitation of Preferences, ed. Baruch Fischhoff and Charles F. Manski, 7－48. Dordrecht：Springer Netherlands. http://link.springer.com/10.1007/978-94-017-1406-8_2.

Cohen, Jessica, and Pascaline Dupas. 2010. "Free Distribution or Cost-Sharing? Evidence from a Randomized Malaria Prevention Experiment." *Quarterly Journal of Economics* 125 (1)：1－45. doi：10.1162/qjec.2010.125.1.1.

Duflo, Esther, Rachel Glennerster, and Michael Kremer. 2008. "Using Randomization in Development Economics Research：A Toolkit." *Handbook of Development Economics* 4 (5)：3895－3962.

Durlauf, Steven N., ed. 2008. "Value Elicitation." In *The New Palgrave Dictionary of Economics*. 2nd ed. Basingstoke：Palgrave Macmillan.

Foster, Lauren. 2007. "Coming Clean." *Financial Times*, December 11. http://www.ft.com/cms/s/0/db4dfec2-a78a-11dc-a25a-0000779fd2ac.html.

Gerber, Alan S., and Donald P. Green. 2012. *Field Experiments：Design, Analysis, and Interpretation*. 1st ed. New York：W. W. Norton.

Glennerster, Rachel, and Kudzai Takavarasha. 2013. *Running Randomized Evaluations：A Practical Guide*. Princeton：Princeton University Press.

Harrison, Glenn W., and E. Elisabet Rutström. 2008. "Experimental Evidence on the Existence of Hypothetical Bias in Value Elicitation Experiments." In *Handbook of Experimental Economics Results*, 752 - 767. New York: Elsevier.

Hastings, Justine S., Brigitte C. Madrian, and William L. Skimmyhorn. 2013. "Financial Literacy, Financial Education, and Economic Outcomes." *Annual Review of Economics* 5 (1): 347 - 373.

Haushofer, Johannes, and Jeremy Shapiro. 2013. "Household Response to Income Changes: Evidence from an Unconditional Cash Transfer Program in Kenya." Working Paper.

Johnson, Eric J., John Hershey, Jacqueline Meszaros, and Howard Kunreuther. 1993. "Framing, Probability Distortions, and Insurance Decisions." *Journal of Risk and Uncertainty* 7 (1): 35 - 51. doi: 10.1007/BF01065313.

Karlan, Dean, Aishwarya Ratan, and Jonathan Zinman. 2014. "Savings by and for the Poor: A Research Review and Agenda." *Review of Income and Wealth*, ser. 60, no. 1 (March): 36 - 78. doi: 10.1111/roiw.12101.

Karlan, Dean, and Martin Valdivia. 2010. "Teaching Entrepreneurship: Impact of Business Training on Microfinance Clients and Institutions." *Review of Economics and Statistics* 93(2): 510 - 527. doi: 10.1162/REST_a_00074.

Karlan, Dean and Daniel Wood. 2016. "The effect of effectiveness: Donor response to aid effectiveness in a direct mail fundraising experiment." *Journal of Behavioral and Experimental Economics* forthcoming.

Karlan, Dean S., and Jonathan Zinman. 2008. "Credit Elasticities in Less-Developed Economies: Implications for Microfinance." *American Economic Review* 98 (3): 1040-1068. doi: 10.1257/aer.98.3.1040.

——. 2010. "Expanding Credit Access: Using Randomized Supply Decisions to Estimate the Impacts." *Review of Financial Studies* 23 (1): 433-464.

——. 2011. "Microcredit in Theory and Practice: Using Randomized Credit Scoring for Impact Evaluation." *Science* 332 (6035): 1278-1284. doi: 10.1126/science.1200138.

——. 2013. "Long-Run Price Elasticities of Demand for Credit: Evidence from a Countrywide Field Experiment in Mexico." National Bureau of Economic Research Working Paper 19106 (June). http://www.nber.org/papers/w19106.

Kremer, Michael, Edward Miguel, Sendhil Mullainathan, Clair Null, and Alix Zwane. 2011. "Social Engineering: Evidence from a Suite of Take-up Experiments in Kenya." Working Paper.

Little, Joseph, and Robert Berrens. 2004. "Explaining Disparities between Actual and Hypothetical Stated Values: Further Investigation Using Meta-Analysis." *Economics Bulletin* 3 (6): 1-13.

Olken, Benjamin A., Junko Onishi, and Susan Wong. 2014. "Should Aid Reward Performance? Evidence from a Field Experiment on Health and Education in Indonesia." *American Economic Journal: Applied Economics* 6 (4): 1–34. doi: 10.1257/app.6.4.1.

Panda, Pradeep, Iddo Dror, Tracey Perez Koehlmoos, S. A. Shahed Hossain, Denny John, Jahangir A. M. Khan, and David Dror. 2013. "What Factors Affect Take up of Voluntary and Community-Based Health Insurance Programmes in Low-and Middle-Income Countries? A Systematic Review (Protocol)." EPPI-Centre, Social Science Research Unit, Institute of Education, University of London. http://eppi.ioe.ac.uk/cms/LinkClick.aspx?fileticket=mlD5N28OmEs%3D&tabid=3174.

Thaler, Richard H., and Cass R. Sunstein. 2009. *Nudge: Improving Decisions about Health, Wealth, and Happiness*. New York: Penguin.

Tversky, Amos, and Derek J. Koehler. 1994. "Support Theory: A Non-extensional Representation of Subjective Probability." *Psychological Review* 101 (4): 547–567. doi: 10.1037/0033-295X.101.4.547.

Van den Steen, Eric. 2004. "Rational Overoptimism (and Other Biases)." *American Economic Review* 94 (4): 1141–1151. doi: 10.1257/0002828042002697.

索　　引*

Abdul Latif Jameel Poverty Action Lab (J-PAL)，阿卜杜勒·拉蒂夫·贾米尔反贫困行动实验室，4，8-10，135

Allcott，Hunt，亨特·阿尔科特，49-50

Ananth，Bindu，宾杜·阿南思，106

Appel，Jacob，雅各布·阿佩尔，25

Arariwa case study，Arariwa 案例研究，23-24，75-83

assumptions：about client participation，假设：关于客户参与度，69，92；validating during planning，在规划期间确认，138

auditing：continuous，审查：连续的，134；of data by partner's staff，审查合作机构员工采集的数据，44，48；infeasible intervention revealed by，审查揭露不可行的干预措施，24；problems with trainings revealed by，审查揭露培训中的问题，119-121，122；of surveys，调查，32，56，57，58. *see also* monitoring，*也参见*监督

* 各词条后所附页码为英文原书页码。

索　引

Banerjee，Abhijit，阿比吉特·班纳吉，126

bed nets，insecticide-treated，蚊帐，杀虫剂处理过的，5，6，31－32

Blattman，Chris，克里斯·布拉特曼，102

budgeting，预算，138

business training and child health education with credit，结合儿童健康和商务培训的贷款，23，114－124

CAI，电脑辅助访问；*see* computer-assisted interviewing（CAI），*参见*电脑辅助访问

Caja Nacional del Sureste，墨西哥东南部的一个金融机构，41－42

Canales，Jim，吉姆·卡纳莱斯，137

case studies，案例研究，13. *see also* lessons learned from case studies，microcredit case studies，savings case studies，*也参见*来自案例研究的经验教训，小额贷款的案例研究，储蓄的案例研究

cash grants with counseling，for homeless young men，提供咨询服务的现金补助，对无家可归的青年，102

cash transfer program，现金转移项目，7－8；conditional，有条件的，5；gender and，性别，38

causality，因果关系，10，136

checklist for avoiding failures，避免失败的检查清单，136－137；in day-to-day management，在日常管理中，145－146；in preparation，在准备阶段，138－139；in surveys，在调查中，141－145；

in working with partners，与合作伙伴的合作中，139 - 141

child health and business training with credit，结合儿童健康和商务培训的贷款，114 - 124

chlorine dispensers for safe water，安全饮用水的氯分配器，4，6，7

Chong，Alberto，阿尔贝托·冲，75

Church of Uganda，乌干达教会，95

clustered design，“集群”设计，86；intracluster correlation and，集群内相关性，36

cognitive biases，in estimating participation rates，认知偏误，在估计参与率时，67 - 69

community block grants，社区补助金，4，5

compensating respondents：decisions about，补偿受访者：决策，33 - 34，103 - 104；in social science research labs，在社会科学研究实验室，64；in youth savings program，青年时期的储蓄项目，58 - 59，96，101，103 - 104

computer-assisted interviewing（CAI），电脑辅助访问，53 - 54，141 - 142，145. *see also* technology，*也参见*技术

conditional cash transfer program，with delay，有条件的现金转移项目，延迟的，5

consent by respondents，受访者同意，102，139

contamination of control，控制的污染，121，122

context，环境. *see* research setting control：contamination of，*参见*

研究环境控制：污染，121，122；defined in memorandum of understanding，谅解备忘录中的定义，140；inadequate concealment of assignment to，不恰当的遮掩处理，10

credit：mental health and access to，贷款，心理健康和获得贷款的途径，53 - 54；supply-chain credit study，供应链贷款研究，26 - 28. *see also* microcredit case studies；microcredit program issues *也参见* 小额贷款的案例研究，小额贷款项目的问题

data collection：careful，数据收集：仔细的，134；feasibility of，可行性，21；importance of，重要性，51 - 52；in ongoing monitoring，不间断的监督，82，134，146；with radio frequency identification (RFID)，无线射频识别，60 - 61；sources of data for，数据来源，52. *see also* measurement protocols，measurement tools，surveys，*也参见* 测度规程，度量工具，调查

data security，数据安全性，139

debt traps，债务陷阱，105 - 106，111

default-in policy，默认参加的政策，43 - 44

de Mel，Suresh，苏雷什·德·梅尔，59

deworming，school-based，驱虫，以学校为基础开展，4

direct mail solicitations，randomization mistake with，直接邮寄募捐，随机化的错误，35 - 36

Duflo，Esther，埃丝特·迪弗洛，126，135

Dupas，Pascaline，帕斯卡利娜·迪帕斯，55

Edison，Thomas，托马斯·爱迪生，1

education and training：by microcredit lenders，教育和培训：由小额贷款的贷方提供，23，73－83，114－124；remedial，with volunteer tutors，补救，志愿者教师，6；in youth savings program，在青年时期的储蓄项目中，94－104

evidence 证据；*see* randomized controlled trials（RCTs）in development，*参见*发展中的随机化控制实验

experimental design，实验设计，29，134

experimenter demand effect，实验者的需求效应，96，98，99

failures，失败，11－13. *see also* checklist for avoiding failures，*也参见*避免失败的检查清单

Fernald，Lia，利亚·费纳尔德，53

field audit. *see* auditing 实地审查。*参见*审查

field testing，实地检验，34. *see also* piloting，pre-pilot，*也参见*试点，前期试点

financial literacy training：microcredit combined with，金融知识培训：与小额贷款相结合，23，73－83，114－124；youth savings program with，青年时期的储蓄项目，94－104

Fink，Günther，冈瑟·芬克，31

Freedom from Hunger，“摆脱饥饿”组织，35－36，75

funding of study，beginning with out，研究经费，没有，116－117，123－124

fundraising study，randomization mistake in，筹款研究，随机化的错误，35

Galiani，Sebastian，塞巴斯蒂安·加利亚尼，63

gender，heterogeneous effects and，性别，异质的影响，37－38

Gerber，Alan，艾伦·格伯，135

Giné，Xavier，泽维尔·吉内，116

GiveDirectly，“直接给钱”慈善机构，7，38

Glennerster，Rachel，雷切尔·葛兰纳斯特，38－39，135

Goldberg，Nathanael，纳撒内尔·戈德堡，119－121，123

Gonwa，Tricia，特里西娅·甘瓦，102

Good Ventures，“善意风投”慈善基金组织，7

Graduation grant program，全面补助项目，5，6，8－9

Green，Donald，唐纳德·格林，135

Hamad，Rita，丽塔·哈马德，53

health education with micro-credit，结合健康教育的小额贷款，23，114－124

health insurance：bundled with loans，健康保险：与小额贷款捆绑，

25，45，68-69，125-132；cognitive bias in choosing a policy，选择政策的认知偏误，68；obstacles to introduction in developing countries，在发展中国家引入健康保险的障碍，125-126

health variables，measurement of，健康变量，度量，52

Herath，Dhammika，达米卡·赫拉特，59

heterogeneous treatment effects，异质的处理效应，37-38

homeless young men in Liberia，counseling and cash grants for，在利比里亚无家可归的青年，咨询与现金补助，102

Hornbeck，Richard，理查德·霍恩贝克，126

human subjects，clearance for research on，人类被试者，研究的官方许可，139

ICICI-Lombard，ICICI-Lombard 保险公司，126-129

idea failures，想法失败，12

identity verification，身份验证，33-34；by custom photo IDs，定制的有照片的 ID，102；youth savings program and，青年时期的储蓄项目，33-34，58-59，97-104

immature products，不成熟的产品，24-25；of bundled credit and insurance，保险与贷款捆绑，25，130；financial literacy training as，金融知识培训，81；in interest rate sensitivity study，在利率敏感性研究中，25，91；Poultry Loan as，家禽贷款，22-23，111

incentives：in community block grant program，激励：在社区补助金

项目中，5；in operations research projects，执行研究项目，135；for staff of partner organizations，合作机构的员工，47，48；for surveyors，调查员，145. *see also* compensating respondents，*也参见*补偿参与者

informed consent，知情同意书，102，139

Innovations for Poverty Action (IPA)，扶贫行动创新，4，9；cash transfers by gender and，根据性别的现金转移，38；data collection issues and，数据收集问题，101，142，144；graduation program evaluated by，全面补助项目评估，8；identity verification and，身份验证，102；online resources of，在线资源，135，136

insurance，保险；*see* health insurance，*参见*健康保险

interest rate sensitivity：in Ghana evaluation，利率的敏感性：在加纳的评估，25，44，84－93，90；in South Africa and Mexico settings，在南非和墨西哥的研究背景下，93

interviews，采访；*see* surveys，*参见*调查

intracluster correlation，集群内相关性，36. *see also* clustered design，*也参见*集群的设计

inventory measurement，存货清点，59－61

IRB (institutional review board)，机构审查委员会，139

Jack，Billy，比利·杰克，26

Jamison，Julian，朱利安·贾米森，95，102

J-PAL（Abdul Latif Jameel Poverty Action Lab），阿卜杜勒·拉蒂夫·贾米尔反贫困行动实验室，4，8－10，135

Karlan，Dean，迪恩·卡尔兰，25，31，35，41，53，55，75，85，93，95，116

Koehler，Derek，德里克·凯勒，68

Kremer，Michael，迈克尔·克雷默，135

lessons learned from case studies：bundling credit and insurance，从案例研究中学习的经验教训：捆绑的贷款和保险，130－132；child health and business training，儿童健康和商务培训，122－124；financial literacy training，金融知识培训，81－83；interest rate sensitivity，利率的敏感性，92－93；Poultry Loans，家禽贷款，111－113；youth savings program，青年时期的储蓄项目，101－104

Levenson，Rachel，雷切尔·利文森，56－57

LIFIA，信息技术研究实验室，63－64

loss frames，riskier behaviors in，不利的处境，冒险的行为，112－113

low participation rates，较低的参与率，11，12，62－69；in bundled credit and insurance，捆绑的贷款和保险，68－69，130；cognitive biases and，认知偏误，67－69；expecting lower than predicted，预期低于预测值，134；in financial literacy program，金融知识培训项目，78－80；during intake，在招募阶段，62－65；in interest rate sensitivity study，利率敏感性的研究，91－92；after random assignment，随机分配后的，65－67. *see also* participation rates (take-up)；sample size *也参见*参与率（接受程度）；样本大小

malaria，and insecticide-treated bed nets，疟疾，和杀虫剂处理过的蚊帐，5，6，31－32

management processes，管理过程，135，145－146

mantras for running a field study，进行实地实验的箴言，133－134

market failures，市场失灵，8

McKenzie，David，戴维·麦肯齐，14，59，137

measurement protocols，测度规程，33－34. *see also* survey and measurement execution problems，*也参见*调查和度量的执行问题

measurement tools，度量工具，59－61. *see also* surveys，*也参见*调查

medical randomized controlled trials，医学随机化控制实验，2，10－11

memorandum of understanding (MOU)，谅解备忘录，139－140

MFI (microfinance institution)，小额信贷机构，115－124

microcredit case studies，小额贷款的案例研究，13；with bundled health insurance，与健康保险捆绑，25，45，68－69，125－132；with child health and business training，儿童健康和商务培训，23，114－124；credit-to-savings intervention，贷款到储蓄的干预措施，105－113；with financial literacy training，金融知识培训，73－83；on interest rate sensitivity，利率的敏感性，25，84－93

microcredit program issues：gender and，小额贷款项目问题：性别，

37；heterogeneous treatment effects and，异质的处理效应，37－38；with immature products，不成熟的产品，24－25，91，111，130；low participation and，较低的参与度，65－67，69，78－80，91－92，130；poor timing and，糟糕的研究时机，22－23；supplemental training programs and，补充的培训项目，73－75，114－115；technical infeasibility and，技术上不可行，23－24

money，金钱. *see* compensating respondents，参见补偿受访者

monitoring：day-to-day，监督：日常，145－146；example that needs investment in，需要投资的例子，82；of surveys and surveyors，调查和调查员，144－145. *see also* auditing，参见审查

Mullainathan，Sendhil，塞德希尔·穆来纳森，41，106

multimedia supplements，on financial literacy，多媒体辅助，金融知识，23－24，74，75－78，80，82

operations research，on program implementation，开展研究，项目执行，135

Opower，欧宝，49－50

Opportunity International Savings and Loans，Ltd.（OISL），机会国际储蓄与贷款有限公司，85－93

outcome measures：back-checking surveys for stability of，结果测量指标：复查稳定性，144；clear definitions of，清晰的定义，139

overconfidence，过度自信，67－69；with immature product，不成熟

的产品，24

Özler，Berk，伯克·厄兹莱尔，14，137

participation rates (take-up)：absence of pre-pilot and，参与率（接受程度）：缺乏前期试点，131；defined，明确的，62，139；limited pilot and，有限规模的试点，89；routinely overestimated，通常高估，36，62，68，134. *see also* low participation rates，*也参见*低参与率

partner organizations：administrative records of，合作机构：行政管理记录，21，52，96，97；biases in choice of，选择中的偏误，49－50；burden on staff of，员工的负担，41－48，91－93，130；challenges related to，与合作机构有关的挑战，11，12，40－50；with competing priorities，相互矛盾的优先级，45－48，81，121－122；cultivating buy-in at all levels of，在各个层次获得认同，47－48，134，140－141；disengaging in response to midline data，没有对中期数据做出反应，48－49；with failure to learn new skills，未能学到新技能，45，81；knowing when to walk away from，知道什么时候该放弃，25－28，134；with limited flexibility and bandwidth，有限的灵活性和应变权限，41－44；low participation and，较低的参与度，64－65，67－69；memorandum of understanding with，谅解备忘录，139－140；monitoring plan communicated to，与合作机构沟通的监督计划，146；motivations of，动机，40－41，

140；overconfident，过度自信，24，67－69；piloting with，试点，139；randomization mistakes by，随机化的错误，35－36；research staff on ground working with，实地工作的研究人员，122，123；types of，类型，40；willing and able，意愿和能力，20，134

Pathak，Yuvraj，尤拉杰・帕塔克，59

performance incentives，绩效激励. *see* incentives，*参见*激励

piloting：bias in selecting sites for，试点：选择地点时的偏误，49－50；features calling for，需要试点的特征，81－82；to find partner's competing priorities，找出合作伙伴的相互矛盾的优先级 46；to gauge demand，测度需求，134；for interest rate sensitivity study，利率敏感性的研究，89，91，92；Poultry Loan failure and，家禽贷款的失败，106，108－112；scale-ups based on，基于试点的规模扩展，6；of surveys，试点调查，34，142；working with partner on，与合作伙伴共同开展试点，139. *see also* pre-pilot，*也参见*前期试点

planning for project，项目规划，138－139

police skills-training，警察的技能训练，5

Poultry Loan，家禽贷款，22－23，105－113

poverty alleviation，扶贫. *see* randomized controlled trials (RCTs) in development，*参见*发展中的随机化控制实验

poverty trap，贫困陷阱，94－95

power，statistical，统计效力，36－39；contamination of control and，

控制的污染，121；dilution of treatment and，实验处理的稀释，120

preference elicitation，with real money，偏好诱导，真实货币，96，103 - 104

pre-pilot：for complex intervention，前期试点：复杂的干预措施，111 - 112；to confirm feasibility of experiment，确认实验的可行性，133；failure to extend to entire program，无法扩大整个项目，25；participation rates and，参与率，69，130 - 31；validating concern about impersonation，证实了对冒名顶替问题的担忧，102. *see also* piloting *也参见*试点

pre-testing，预先检验. *see* piloting，pre-pilot，*参见*试点，前期试点

publication of findings，right of，结果的出版，权限，140

radio frequency identification (RFID)，无线射频识别，60 - 61

randomization mistakes，随机化的错误，35 - 36

randomized controlled trials（RCTs） in development，发展中的随机化控制实验，2 - 11；categories of，分类，3 - 4；common misunderstanding about，常见的误区，20 - 21；data sources in，数据来源，52；as gold standard，作为黄金准则，10；growth in number of，数量上的增长，2 - 3，3；poorly executed，执行不当，10 - 11；resources for，资源，135 - 136；scale-ups based on，基于随机化控制实验的规模扩展，4 - 9

redistribution，再分配政策，8

remedial education with volunteer tutors，志愿者教师补救教育，6，7

remittance recipients，savings account for，汇款的收款人，储蓄账户，42 - 44

replications，复制，9

research assistants，recruiting and hiring，研究助理，招募和聘用，138 - 139

research failures，研究失败，11 - 13. *see also* checklist for avoiding failures，*也参见*避免失败的检查清单

research setting，研究背景设置，11，12，19 - 28；of bundled credit and insurance，捆绑的贷款和保险，130；of financial literacy program，金融知识培训项目，80 - 81；of interest rate sensitivity study，利率敏感性的研究，91；of pilot at biased sites，在有偏误的地方进行试点，49 - 50；of Poultry Loan pilot，家禽贷款试点，110 - 111

rice subsidy，underused，大米补贴，未充分利用的，4，5 - 6

Robinson，Jonathan，乔纳森·鲁宾逊，55

Rossi，Martin，马丁·罗西，63

Sahastradhara KGFS，金融机构 Sahastradhara KGFS，106 - 111

sample，procedure for identifying，确定样本的程序，145

sample size，样本大小，36 - 39；attending to，注意，133 - 134；

heterogeneous treatment effects and，异质的处理效应，37－38；predicted participation rates and，预测的参与率，62，134；random assignment and，随机分配，116；survey problems affecting，调查问题影响样本大小，54；technical aspects of，技术方面，38－39. *see also* participation rates（take-up），statistical power，*也参见*参与率（接受程度），统计效力

savings：debt trap and，储蓄：债务陷阱，105－106，111；increased from supply side or demand side，供给方或需求方的增加，95；for remittance recipients，汇款的收款人，42－44；surveyor misbehavior in study of，调查员在研究中的错误行为，55－58

savings case studies：credit-to-savings intervention，储蓄的案例研究：贷款到储蓄的干预措施，105－113；youth program with financial literacy training，金融知识培训的青年项目，58－59，94－104

scale-ups，规模扩展，4－9；biased pilot sites and，有偏误的试点区，50

setting，背景环境. *see* research setting，*参见*研究背景设置

Sheridan，Margaret，玛格丽特·谢里登，102

SKS Microfinance，SKS 小额信贷，126－132

sugarcane production，甘蔗生产，106，111，112－113

sunk costs，沉没成本，2，27－28，111. *see also* walking away，*也参见*放弃

Sunstein，Cass，卡斯·桑斯坦，30

supply-chain credit study，walking away from，供应链贷款研究，放

弃，26 - 28

Suri，Tavneet，塔福尼特·苏瑞，26

survey and measurement execution problems，调查和度量的执行问题，11，12，51 - 61. *see also* compensating respondents，data collection，identity verification，measurement protocols，*也参见*补偿受访者，数据收集，身份验证，测度规程

surveyors，调查员，52；misbehavior of，错误行为，54 - 58；training of，培训，143

surveys：of business owners' inventory levels，调查：向企业负责人调查库存水平，61；checklist for，清单，141 - 145；computer-assisted，电脑辅助，53 - 54，141 - 142，145；as data source，作为数据来源，52；design errors in，调查中的设计错误，30 - 32；design issues in，调查中的设计问题，133 - 134；to estimate poverty levels，估计贫困水平，86；experimenter demand effect in，实验者的需求效应，96，98，99；failures of，调查的失败，11，12，52 - 54；field testing of，实地检验，32，34，143；identity verification for，身份验证，33 - 34，58 - 59，97 - 104；implementation of，执行，143 - 144；managing closely，严密的管理，134；omitted at baseline，在基线调查中省略，116 - 117，121，124；on paper，以书面形式，52 - 53，145；process for inclusion in，包含调查的进程，33；quality control of，质量控制，144 - 145；setting of，背景设置，21，34

Takavarasha，Kudzai，克哉·塔克法拉夏，38 - 39，135

take-up，接受程度. *see* participation rates（take-up），*参见*参与率（接受程度）

Tantia，Piyush，皮尤什・坦提亚，106

technical design flaws，技术设计缺陷，11，12，29－39；in youth savings program，在青年时期的储蓄项目，100－101. *see also* sample size，*也参见*样本大小

technical details，attending to，技术细节，注意，133－134

technically infeasible interventions，技术上不可行的干预措施，23－24

technology：challenges to use of，技术：使用中的挑战，80－81，82－83；computer-assisted interviewing，电脑辅助访问，53－54，141－142，145；as development tool，作为发展工具，74－75；for identification of participants，参与者的身份证明，101，102；multimedia supplements，多媒体辅助，23－24，74，75－78，80，82

Thaler，Richard，理查德・塞勒，30

theories in development：importance of data collection and，发展中的理论：数据收集的重要性，51－52；research setting and，研究背景设置，19，21；sensible context and intervention for，敏感的背景环境和干预措施，133；testing with RCTs，用随机化控制实验进行检验，3－4

timing of study：attending to，研究的时机：注意，133；software upgrade causing problem with，软件升级引起的问题，22，110－111，112；unexpected events and，意想不到的事件，22－23. *see also* immature products translation，*也参见*不成熟的产品翻译，

translation，翻译，31，142

Tu Futuro Seguro (TFS)，有保障的未来，42－44，45

Tversky，Amos，阿莫斯·特沃斯基，68

Ubfal，Diego，迭戈·乌布法，55

Udry，Chris，克里斯·乌德利，31，85

Ueshiba，Morihei，植芝盛平，2

Valdivia，Martin，马丁· 瓦尔迪维亚，75

walking away，放弃，25－28，134. *see also* sunk costs，*也参见*沉没成本

water，chlorine dispensers for，安全饮用水，氯分配器，4，6，7

Wood，Daniel，丹尼尔·伍德，35

Woodruff，Chris，克里斯·伍德拉夫，26

World Bank development blog，世界银行关于发展的博客，14－15，137

youth savings program，青年时期的储蓄项目，58－59，94－104

Zinman，Jonathan，乔纳森·津曼，53，85，93，95

图书在版编目(CIP)数据

失败的价值:从实地实验的错误中获益/(美)迪恩·卡尔兰(Dean Karlan),(美)雅各布·阿佩尔(Jacob Appel)著;贺京同,付婷婷译.—北京:中国人民大学出版社,2018.7

(当代世界学术名著·经济学系列)

书名原文:Failing in the Field—What We Can Learn When Field Research Goes Wrong

ISBN 978-7-300-25953-6

Ⅰ.失… Ⅱ.①迪… ②雅… ③贺… ④付… Ⅲ.经济学-方法论-研究 Ⅳ.F011

中国版本图书馆 CIP 数据核字(2018)第 143040 号

当代世界学术名著·经济学系列

失败的价值

——从实地实验的错误中获益

[美]迪恩·卡尔兰
[美]雅各布·阿佩尔 著

贺京同　付婷婷　译

Shibai de Jiazhi

出版发行	中国人民大学出版社		
社　　址	北京中关村大街 31 号	**邮政编码**	100080
电　　话	010—62511242(总编室)		010—62511770(质管部)
	010—82501766(邮购部)		010—62514148(门市部)
	010—62515195(发行公司)		010—62515275(盗版举报)
网　　址	http://www.crup.com.cn		
	http://www.ttrnet.com(人大教研网)		
经　　销	新华书店		
印　　刷	天津中印联印务有限公司		
规　　格	155mm×235mm 16 开本	**版　　次**	2018 年 7 月第 1 版
印　　张	12.5 插页 2	**印　　次**	2018 年 7 月第 1 次印刷
字　　数	121 000	**定　　价**	48.00 元